YOSSEL RAKOVER
DIRIGE-SE A DEUS

Coleção ELOS
Dirigida por J. Guinsburg

Equipe de realização – Tradução: Fábio Landa com a colaboração de Eva Landa • Revisão de texto: Nanci Fernandes • Revisão de prova: Raquel Fernandes Abranches • Logotipo da coleção: A. Lizárraga • Capa e projeto gráfico: Adriana Garcia • Produção: Ricardo W. Neves e Heda Maria Lopes.

ZVI KOLITZ

YOSSEL RAKOVER DIRIGE-SE A DEUS

EDITORA PERSPECTIVA

Título do original alemão:
Jossel Rakouvers Wendung zu Gott

Copyright © 1996 by Zvi Kolitz. First published in Germany in 1996 by Verlag Volk und Welt.

Direitos reservados em língua portuguesa à
EDITORA PERSPECTIVA S.A.
Av. Brig. Luís Antônio, 3025
01401-000 • São Paulo • SP • Brasil
Telefax: (0xx11) 3885-8388
www.editoraperspectiva.com.br
2003

„איך גלויב אין דער זון, אפילו
ווען זי שיינט ניט; איך גלויב
אין דער ליבע, אפילו ווען איך
פיהל איהר ניט, איך גלויב אין
גאָט, אפילו ווען ער שווייגט״,

Creio no sol, mesmo que ele não brilhe.
Creio no amor, mesmo que eu não o sinta.
Creio em Deus, mesmo quando ele se cala.

Escrito na parede de um porão onde alguns judeus
ficaram escondidos durante toda a guerra,
na cidade de Colônia.

SUMÁRIO

Yossel Rakover Dirige-se a Deus 9
Zvi Kolitz - *Paul Badde* 29
Amar Mais a *Torá* que Deus - *Emmanuel Levinas* 73
Nota para a Edição Alemã 81
Reprodução da Edição Original em Ídiche 83

Yossel Rakover dirige-se a Deus

Nas ruínas do gueto de Varsóvia encontrou-se, enterrada sob montanhas de pedras calcinadas e restos humanos, uma pequena garrafa. Ela guardava o seguinte testamento, escrito por um judeu chamado Yossel Rakover algumas horas antes do aniquilamento do gueto.

Varsóvia, 28 de abril de 1943.

Eu, Yossel, filho de David Rakover de Tarnopol, discípulo do Rabi de Ger e descendente dos justos, sábios e virtuosos das famílias Rakover e Meisls, escrevo estas linhas no gueto de Varsóvia em chamas. A casa em que me encontro é uma das últimas que ainda não queima. Há algumas horas estamos sob um contínuo bombardeio de artilharia. Ao meu redor, as paredes explodem e desmoronam ruidosamente sob a chuva de obuses. Em pouco tempo, esta casa também se tornará, como quase todas do gueto, a tumba de seus defensores e habitantes. Pela minúscula janela semimurada raios de Sol, avermelhados e sombrios, penetram em frechas incandescentes no meu quarto, este reduto de onde dia e noite metralhamos o inimigo; eles me mostram que a noite cai. O Sol está a ponto de se pôr. Ele certamente ignora quão pouco lamento não mais revê-lo.

Passou-se algo estranho conosco: todos os nossos sentimentos e todas as nossas idéias mudaram. Enxergamos na morte, o instante breve, fugaz, derradeiro, um salvador, um libertador que vem romper nossas correntes. As feras da floresta tornaram-se tão queridas para mim, parecem-me tão amáveis, que me nauseia ouvir comparar os criminosos que reinam hoje na Europa aos animais. Não é verdade que Hitler tenha qualquer coisa de bestial. Ele é – estou profundamente convencido disso – um típico produto da humanidade moderna. A humanidade em seu conjunto foi quem o engendrou e criou, e ele exprime abertamente, sem subterfúgios, os seus desejos mais íntimos e mais secretos.

Uma noite, numa floresta em que me escondia, encontrei um cachorro, um cão doente, faminto, talvez até enlouquecido, com o rabo entre as pernas. Nós dois sentimos imediatamente a semelhança entre nossas condições, porque a dos cães em nada é melhor do que a nossa. Ele aconchegou-se a mim, enfiou sua cabeça em meu colo e lambeu-me as mãos. Creio nunca ter chorado como naquela noite; tomei-o em meus braços e solucei como uma criança. Se eu disser que naquele tempo invejava os animais, ninguém há de se espantar. Mas o que eu experimentei naquele instante foi mais do que inveja, era vergonha. Tive vergonha diante desse cão por ser, não um cachorro mas um homem. Eis, portanto, a que ponto chegamos: pensar que a vida é uma infelicidade, a morte uma libertação, o ser humano uma praga, o animal um ideal, o dia um horror e a noite uma dádiva.

Milhões de pessoas, neste vasto mundo, amam o dia, o sol, a luz, sem saber e nem mesmo suspeitar o quanto de trevas e infelicidades o sol nos trouxe. Os Maldosos fizeram dele seu instrumento, serviram-se dele como de um holofote para ir ao encalço dos fugitivos que tentavam escapar-lhes para sobreviver. Quando me escondi na floresta com minha mulher e meus filhos – eles então eram seis –, a noite, e somente a noite, nos abrigou em seu seio. A aurora nos entregaria aos perseguidores decididos a nos arrancar a alma. Como poderia eu esquecer o dia em que os alemães fizeram chover um dilúvio de fogo sobre os milhares de refugiados que se apressavam na rota de Grodno a Varsóvia? Os aviões haviam decolado ao nascer do sol e nos metralharam até o anoitecer, ininterruptamente. Minha mulher encontrou a morte no decurso dessa matança vinda dos ares, juntamente com nosso bebê de sete meses que ela carregava em seus braços. Dois outros de meus filhos desapareceram sem deixar traço. Chamavam-se David e Iehuda, um tinha quatro anos, o outro seis.

Após o pôr do sol os raros sobreviventes retomaram sua marcha rumo a Varsóvia. Eu, rodeado pelos três filhos que me restaram, esquadrinhei as florestas e os campos vizinhos ao local da matança em busca de minhas crianças. "David!" – "Iehuda!" Por toda a noite, nossos chamados, como golpes de punhal, cortaram o silêncio mortal que nos envolvia. Porém, apenas um eco nos respondia do fundo da floresta, um eco de rasgar o coração, compadecido, impotente, que ressoava como um longínquo lamento fúnebre. Não revi meus dois filhos, e num sonho foi-me ordenado não mais inquietar-me por eles, pois encontravam-se agora nas mãos do Senhor do universo. Perdi meus outros três filhos no espaço de um ano, no gueto de Varsóvia.

Raquelzinha, minha filhinha de dez anos, ouvira dizer que se poderia achar pedaços de pão no depósito de lixo municipal, do outro lado do muro que nos separava do mundo exterior. A fome grassava no gueto, os corpos de pessoas mortas pela fome jaziam como montículos de trapos nas ruas. As pessoas estavam dispostas a morrer não importa de que maneira – menos de fome. Isto provavelmente ocorria porque, naqueles momentos em que as perseguições sistemáticas matavam pouco a pouco todas as necessidades do espírito, comer era o último desejo que restava, mesmo quando não havia mais vontade de viver. Certa vez contaram-me que um judeu, já meio morto de fome, disse a um outro: "Ah, como eu gostaria de morrer depois de, ainda uma vez, ter feito uma verdadeira refeição – tal como um ser humano!"

Raquelzinha não me tinha prevenido de seu projeto de se escapar do gueto, um crime punido com a morte.

Empreendeu essa perigosa expedição com uma amiga, uma menina de sua idade. Saiu de casa na noite escura e ao nascer do sol as duas meninas foram descobertas diante das portas do gueto. Imediatamente, os sentinelas nazistas, aos quais juntaram-se dezenas de cúmplices poloneses, caçaram as crianças judias que, para não morrerem de fome, tinham ousado procurar um pedaço de pão numa lixeira. As pessoas que testemunharam essa perseguição não acreditavam naquilo que seus olhos viam. Mesmo no gueto, jamais se tinha visto isso. A terrível matilha, enfurecida, perseguiu as famélicas meninas de dez anos com um furor tal como se elas fossem perigosos criminosos fugidos da prisão. Essa corrida não poderia durar muito tempo. Esgotada, no fim de suas forças, uma das meninas, minha Raquelzinha, não demorou a estatelar-se no chão. Os nazistas racharam-lhe o crânio. A outra menina conseguiu escapar de suas mãos, mas morreu duas semanas mais tarde, após ter perdido a razão.

Jacob, nosso quinto filho, um menino de treze anos, sucumbiu à tuberculose no dia de seu *Bar-Mitzvá*. Para ele foi uma libertação. Restava-me apenas minha filha Eva: ela foi assassinada quando tinha quinze anos por ocasião de uma "Operação-Crianças" que começou no último *Rosch-Haschaná,* ao amanhecer, e que terminou ao cair da noite. Nesse primeiro dia do ano, centenas de famílias judias perderam suas crianças.

Agora minha hora chegou e, como Job posso dizer – seguramente não serei o único: "Nu retorno à terra, nu como no dia de meu nascimento". Tenho quarenta e três anos e, se olho para trás, se examino os anos passados, posso declarar com convicção – tanto quanto um ser humano possa estar certo de alguma coisa – ter vivido como um homem honesto. Meu coração viveu pleno de amor por Deus. Foi-me concedido vencer na vida, porém o sucesso nunca me subiu à cabeça. Acumulei uma grande fortuna, contudo, seguindo o conselho de meu rabino, eu a considerava como algo sem proprietário. Assim, caso alguém se deixasse arrastar pelo desejo de apoderar-se disto ou daquilo, não se poderia acusá-lo de roubo; seria como se ele tivesse se apossado de um bem sem dono. Minha casa esteve aberta a todos os necessitados e, quando tive a oportunidade de ajudar alguém, eu o fazia com alegria. Servi a Deus com devoção e pedia-lhe apenas que me permitisse serví-lo "com todo o meu coração, com toda a minha alma, com todas as minhas forças".

Após tudo aquilo que vivi, não tenho a pretensão de que a minha relação com Deus tenha permanecido inalterada. Porém, posso afirmar, com absoluta certeza, que minha fé Nele não se alterou em absolutamente nada. Antigamente, quando tudo ia bem, eu tinha com Ele a relação que existe entre alguém que recebeu uma dádiva e o seu benfeitor: eu me sentia permanentemente devedor. Agora, a relação é com alguém que, Ele também, tem uma dívida em relação a mim, uma grande dívida. E como sinto que, por Sua vez Ele é meu devedor, penso ter o direito de cobrá-Lo. Mas não Lhe peço, como Job, para que me esclareça sobre os meus pecados, para dessa forma eu saber por que mereci isso. Porque maiores e melhores do que eu estão firmemente convencidos de que não se trata mais, atualmente, de castigo por faltas cometidas. Aconteceu alguma coisa absolutamente peculiar e isso chama-se *Hastores Ponim*: Deus velou a Sua face.

Deus escondeu Sua face do mundo, e assim abandonou os homens aos seus ferozes instintos. Infelizmente, é por essa razão que penso ser perfeitamente natural – quando as forças dos maus instintos dominam a terra – que as primeiras vítimas sejam aqueles que testemunham o Divino e o Puro. Para cada um de nós, em particular, talvez não seja um consolo. Contudo, da mesma forma que o destino de nosso povo é determinado por leis que não são nem materiais, nem físicas, porém espirituais e divinas, aquele que crê deve considerar os acontecimentos atuais como parte da grande equação divina, na qual as tragédias humanas têm pouco peso. Porém, isso não siginifica que os piedosos de nosso povo devam simplesmente aceitá-los e dizer: "o Senhor é justo e Suas sentenças equitativas". Dizer que merecemos os golpes que nos foram infligidos é difamar-nos a nós próprios. É ridicularizar o *Schem Hameforasch*, o Nome inefável. Profanar o nome de "judeu" equivale a profanar o *Schem Hameforasch*, o Nome de nosso deus. Blasfemamos contra Deus ao nos denegrirmos.

As coisas sendo como são, não espero evidentemente um milagre e não Lhe peço, meu Deus, que tenha piedade de mim. Que Ele se comporte em relação a mim com a mesma indiferença que Ele demonstra, ao esconder Sua face, em relação aos milhões de outros filhos de Seu povo. Não sou uma exceção à regra e não espero nenhum privilégio. Não tentarei mais salvar-me e não fugirei daqui. Vou até facilitar a tarefa do fogo e vou embeber minhas roupas de gasolina. Restam-me três garrafas, depois de haver lançado algumas dezenas nas cabeças dos assassinos.

Foi um grande momento na minha vida, e como ri! Chorei de rir! Jamais teria imaginado que a morte de seres humanos, mesmo que fossem eles inimigos – e que inimigos –, pudesse alegrar-me a tal ponto. Que os humanistas imbecis digam o que lhes aprouver, a vingança sempre foi, e sempre será, a arma derradeira e a maior satisfação moral dos oprimidos. Até este dia, eu nunca havia compreendido bem esta frase do *Talmud:* "a vingança é santa porque está mencionada entre dois nomes de Deus, como está escrito: 'o Senhor é um deus de Vingança'". Agora eu compreendo isso. Agora eu o sinto, e sei porque meu coração está tão cheio de alegria com a idéia de que, há milênios, nós chamamos Deus *El Nekome Adonoj*, o deus de vingança! Levanta-Te, ó Senhor, o deus da vingança!

Agora que estou em condições de observar a vida e o mundo através desta clarividência especial dada ao homem apenas em raras ocasiões, antes de sua morte, torna-se-me evidente que a diferença típica, característica, entre o nosso deus e aquele no qual acreditam os povos da Europa, é esta: embora o nosso deus seja o deus da vingança e a nossa *Torá* ameace de morte pelos mínimos pecados cometidos, o *Talmud* nos ensina que, caso um *sanedrim* – o tribunal supremo de nosso povo quando ele ainda vivia livre em sua terra – tenha pronunciado uma condenação à morte, uma só que seja, em setenta anos, isso bastaria para que os seus juízes fossem qualificados como assassinos! Em contrapartida, o deus dos outros povos, que eles chamam "deus de amor", ordenou que se deve amar qualquer criatura criada à sua imagem, porém em seu nome esses povos nos massacram sem piedade há aproximadamente dois mil anos.

Sim, eu falei de vingança. Apenas raramente temos conhecido a verdadeira vingança. Mas quando ela aconteceu, foi tão reconfortante, tão doce, ela encheu-me de tão profunda satisfação, de tal alegria, que me senti renascer para uma nova vida. Um tanque subitamente havia irrompido em nossa rua. Ele foi bombardeado por garrrafas incendiárias desferidas a partir de todas as casas fortificadas da vizinhança. Nenhuma, contudo, atingiu o alvo e ele prosseguiu tranquilamente o seu caminho. Então, eu e meus amigos esperamos que ele passasse literalmente debaixo dos nossos narizes e o atacamos em conjunto, através das janelas semimuradas. O tanque imediatamente pegou fogo e vimos saltar dele seis nazistas em chamas. Ah! Como eles queimavam! Queimavam como os judeus que eles haviam queimado, porém eles gritavam mais do que os judeus. Os judeus não gritam. Eles acolhem a morte como uma libertação. O gueto de Varsóvia morre combatendo. Ele atira, luta, queima e morre – mas sem qualquer grito.

Sim, restam-me três garrafas de gasolina e elas são-me caras, como o vinho para o bêbado. Depois que tiver esvaziado uma sobre mim, nela encerrarei as folhas nas quais escrevo estas linhas e escondê-la-ei por entre os tijolos que obstruem a janela deste cômodo. Caso um dia alguém a encontre e leia estas páginas, compreenderá talvez os sentimentos de um judeu – um entre milhões! – que morreu abandonado por Deus, por esse deus no qual ele crê tão firmemente.

As duas outras garrafas eu as lançarei, quando chegar o meu último instante, sobre as cabeças dos assassinos.

Por ocasião do desencadeamento da revolta, éramos doze neste cômodo e combatemos o inimigo por nove dias. Meus onze companheiros tombaram. Eles morreram em silêncio. Mesmo o garotinho, que tinha talvez cinco anos e que viera até nós sabe Deus como, jaz agora ao meu lado. Sobre o seu rosto belo e miúdo repousa um sorriso, como aquele que as crianças sorriem quando sonham calmamente. Esse garotinho morreu com a mesma coragem tranquila dos mais velhos. Ocorreu esta manhã. A maior parte de nós já tinha deixado de viver. O garotinho escalou o monte de cadáveres para dar uma olhada no exterior, pela estreita abertura da janela. Ele permaneceu assim por alguns minutos, de pé perto de mim. De repente, ele caiu para trás, rolou sobre os corpos de nossos companheiros mortos, depois ficou estendido, imóvel como uma pedra. Sobre sua pequena fronte pálida apareceu, entre duas mechas negras, uma gota de sangue. Eles lhe haviam acertado uma bala na cabeça.

Nossa casa é um dos últimos bastiões de resistência do gueto. Até ontem de manhã quando, ao nascer do sol, o inimigo começou a atirar sistematicamente contra nós, todos estávamos ainda vivos. Havia, é certo, cinco feridos, mas eles continuavam a lutar. Meus companheiros tombaram todos, alguns ontem, outros hoje. Eles caíam uns sobre os outros: cada um assumia o posto quando chegava sua vez e atirava até ser morto.

Afora minhas três garrafas de gasolina, não tenho mais munição. Acima de mim, três andares acima, atiram ainda vigorosamente. Mas para mim não há mais socorro possível, pois quase com certeza a escada foi destruída por balas de canhão. Creio que a casa inteira não vai tardar a desmoronar. Escrevo deitado no chão, rodeado por meus amigos. Observo os seus rostos, estão calmos, mas parece-me pairar neles um certo ar irônico, levemente zombeteiro. É como se quisessem dizer-me: "Um pouco de paciência ainda, pobre louco. Daqui a alguns minutos você também compreenderá tudo." Leio a mesma expressão nos lábios do menino, estendido à minha direita. Ele parece dormir, sua boca minúscula distendida como se risse interiormente. E eu que ainda vivo, que ainda tenho sentimentos e pensamentos de um ser de carne e sangue, imagino que ele ri de mim. Como se ele me tivesse desmascarado. Ele tem certo riso silencioso, mas que diz muito, típico das pessoas que sabem quando estão a falar do Conhecimento para ignorantes convencidos de que sabem tudo. Este menino, ele já sabe tudo, para ele tudo é claro. Ele sabe até mesmo porque nasceu, ele que teve de morrer tão jovem, e por que morreu cinco anos apenas após seu nascimento. Todavia, se ele o ignora, ele sabe que a resposta não tem qualquer importância diante da luz da majestade divina, que se lhe revela nesse mundo melhor no qual agora ele se encontra – talvez nos braços de seus pais assassinados, aos quais agora ele se juntou.

Em uma ou duas horas, também o saberei. E se o fogo não devorar meu rosto, talvez um sorriso semelhante aparecerá em minha expressão após minha morte. Mas ainda estou vivo. E, antes de morrer, quero uma vez mais dirigir-me ao meu deus como a um vivente: como um homem simples, vivente, que teve a grande mas infeliz honra de ser judeu.

Eu me orgulho de ser judeu. Não a despeito da atitude do mundo em relação a nós, mas precisamente por causa dela. Eu sentiria vergonha em pertencer aos povos que engendraram e criaram os Maldosos culpados pelos crimes que foram cometidos contra nós.

Sim, eu me orgulho de ser judeu. Porque ser judeu é uma verdadeira arte, é difícil. Não é difícil ser inglês, americano ou francês. Talvez seja mais fácil e mais confortável, porém não mais honroso. Sim, é uma honra ser judeu. Creio que ser judeu significa: ser um lutador, nadar eternamente contra a febricitante corrente humana carregada de crimes. O judeu é um militante, uma testemunha, Deus o fez seu cativo, sua propriedade sagrada. Vocês, nossos inimigos, dizem que nós somos maus. Mas creio que nós somos melhores do que vocês, não somos estúpidos como os da sua espécie. Contudo, mesmo que fôssemos piores, eu gostaria de ver como vocês se comportariam se estivessem no nosso lugar.

Sou feliz por pertencer ao povo mais infeliz da Terra – cuja *Torá* representa a mais elevada, a mais bela de todas as leis e de todas as morais. Agora que os inimigos de Deus empenham-se com tanto zelo em rebaixá-la e achincalhá-la, essa *Torá* vê-se ainda mais santificada e perenizada.

Acredito que ser judeu é uma inscrição de nascença em nossa carne. Nasce-se judeu como se nasce artista, impossível de libertar-se. É precisamente aí que se encontra a marca divina impressa em nós, que faz de nós o seu povo eleito. Aqueles que não compreendem não perceberão jamais o sentido profundo de nosso martirológio. "Não existe nada mais inteiro do que um coração despedaçado", disse certa vez um grande rabino. E não existe povo mais eleito do que um povo torturado permanentemente. Se eu me recusasse a acreditar que Deus nos designou como o seu povo eleito, acreditaria, não obstante, que fomos eleitos pelos nossos sofrimentos.

Creio no deus de Israel, mesmo que ele tenha feito de tudo para que eu não acredite Nele. Creio em Suas leis, mesmo que eu não possa encontrar justificativa para os Seus atos. Agora não tenho mais com Ele uma relação como a do escravo e seu senhor, porém como a do aluno com seu professor. Curvo minha cabeça diante de sua grandeza, mas não beijarei a vara com a qual ele me flagela. Eu O amo. Mas amo ainda mais a Sua *Torá*. Mesmo que eu tenha estado iludido com Ele, continuarei a observar a Sua lei. Deus significa religião, mas Sua *Torá* significa uma regra de vida! E quanto mais morrermos por essa regra de vida, tanto mais ela se tornará imortal.

Eis porque me permito, Deus, pedir-Te explicações antes de morrer. Daqui em diante liberado de todo medo, pleno de uma absoluta tranquilidade e segurança interiores, quero dirigir-me a Ti pela última vez em minha vida.

Tu dizes que pecamos? Mas é evidente! E que seríamos punidos? Isso também posso compreender. Porém, eu quero que Tu me digas se neste mundo existe *um* pecado que mereça castigo tal como aquele que nos foi infligido!

Tu dizes que farás nossos inimigos pagarem por seus crimes? Estou convencido de que Tu o farás implacavelmente, sem piedade. Não tenho dúvida disso. Mas quero que me digas se pode existir no mundo um castigo passível de expiar os crimes cometidos contra nós?

Talvez me dirás que não se trata no caso presente de pecado e de punição – mas, simplesmente, o que acontece quando Tu velas Tua face e abandonas os homens aos seus instintos?

Mas então quero perguntar-Te, Senhor – e essa questão me queima como fogo abrasador: o que mais? Oh, dize-o a mim, o que deve ainda advir para que Tu descubras novamente a Tua face e a reveles ao mundo?

Quero dizer-Te claramente e sem subterfúgios. Hoje, mais do que em qualquer outra etapa anterior do nosso interminável martírio, temos o direito, nós, os torturados, os ultrajados, os sufocados, os enterrados vivos e queimados vivos, nós, os humilhados, os vilipendiados, os achincalhados, os assassinados aos milhões – nós temos mais do que nunca o direito de saber: onde estão os limites da Tua paciência?

E tenho ainda outra coisa a dizer-Te: não estiques demais a corda! Pois a corda poderá romper-se. A provação em que Tu nos mergulhaste é tão dura, tão intoleravelmente dura, que Tu deverias – Tu deves – perdoar àqueles do Teu povo que no seu desespero e na sua cólera afastaram-se de Ti.

Perdoa àqueles que se afastaram de Ti na sua infelicidade, mas perdoa igualmente àqueles que se afastaram de Ti na felicidade. Tu transformaste nossa vida num combate tão horrível e perpétuo que os covardes forçosamente procuraram escapar-lhe tão logo vislumbraram uma saída. Não te abatas sobre eles! Não se castigam os covardes, há que se ter piedade deles. Senhor, mostra-Te mais misericordioso para com eles do que para conosco!

Perdoa também àqueles que blasfemaram contra Teu nome, que foram servir a outros deuses e que se tornaram indiferentes em relação a Ti. Tu os testaste tão duramente que eles não podem mais pensar que Tu sejas seu Pai, nem mesmo que eles tenham um pai.

Se Te falo tão francamente é porque creio em Ti, creio em Ti mais do que nunca, porque agora sei que Tu és o meu deus. Tu não és em hipótese alguma, Tu não podes ser o deus daqueles cujos atos são a prova mais horrível de sua virulenta impiedade!

Porque se Tu não fores meu deus, de quem então serias Tu o deus? O deus dos assassinos?

Se aqueles que me odeiam e que me suplicam são tão pérfidos, tão malignos, quem sou eu, afinal, senão um ser que encarna um pouco de Tua luz e de Tua bondade?

Não posso louvar-Te pelos atos que Tu toleras. Mas eu Te bendigo e Te louvo pela Tua simples existência, por Tua terrível grandeza. O quanto Tu deves ser poderoso para que mesmo a catástrofe atual não tenha sobre Ti nenhum efeito decisivo!

Porém, precisamente porque Tu és tão grande e eu tão pequeno, suplico-Te – eu Te advirto –, pelo amor de Teu nome: pára de coroar Tua a grandeza ao tolerar o suplício dos inocentes!

Não Te peço para abater os culpados. Segundo a terrível lógica do inelutável, no final eles serão atingidos pelos seus próprios golpes – porque a consciência do mundo terá morrido conosco. Porque o assassinato de Israel terá significado o assassinato do mundo.

O mundo devorar-se-á, consumir-se-á em sua própria iniquidade, afogar-se-á em seu próprio sangue.

Os próprios assassinos já pronunciaram a sentença, e eles não escaparão ao castigo. Mas Tu, Tu proferes a Tua sentença, duplamente severa, sobre aqueles que silenciam diante do assassinato.

Sobre aqueles que condenam o massacre com palavras, mas que se rejubilam em seu coração.

Sobre aqueles que se dizem, em seu coração pérfido: sim, convém declarar que o tirano é mau – mas ele faz por nós o trabalho sujo pelo qual ser-lhe-emos eternamente reconhecidos.

Está escrito na Tua *Torá* que um ladrão deve ser punido mais severamente do que um bandido empedernido, se bem que o primeiro não ataca fisicamente sua vítima, não ameaça sua vida, mas apenas procura apossar-se de seus bens.

O bandido agride sua vítima em plena luz do dia. Ele tem tão pouco temor dos homens quanto de Deus. O ladrão, no entanto, teme os homens, mas não a Deus. Por isso a sua punição deve ser mais dura.

Assim sendo, pouco me importa que Tu trates os assassinos como bandidos, já que eles se conduzem da mesma maneira em relação a Ti e a nós. Eles não fazem segredo de seus assassinatos e de seus crimes.

Porém, aqueles que silenciam sobre este assassinato, que absolutamente não temem a Ti, mas que se preocupam com aquilo que poderão dizer os homens (ignoram, esses imbecis, que os homens nada dirão!), aqueles que clamam piedade para o infeliz que se afoga e, ao mesmo tempo, recusam-se a salvá-lo – esses, oh, eu Te conjuro, meu Deus, pune-os como ladrões!

A morte não pode mais esperar e eu tenho que interromper a minha escrita. Acima de mim, os tiros provenientes dos andares superiores enfraquecem a cada minuto que passa. Os últimos defensores do nosso baluarte tombam um após o outro, e, com eles tomba e morre a grande, a bela, a pia Varsóvia judia. O sol está a ponto de se pôr e, graças a Deus não o reverei jamais. Os trêmulos lampejos do incêndio penetram pela janela e a nesga de céu que entrevejo tinge-se de um vermelho ardente, semelhante a uma cascata de sangue. Dentro de no máximo uma hora ter-me-ei juntado a minha família e aos milhões dos outros massacrados de nosso povo, neste mundo melhor no qual as dúvidas desaparecem e onde apenas reina a mão de Deus.

Morro calmamente mas não apaziguado, não satisfeito; vencido, batido, mas não escravo; amargo, mas não decepcionado. Como credor e como crente mas não como devedor e pedinte, não suplicando nem orando. Amoroso de Deus mas sem dizer-Lhe cegamente "Amém" a tudo aquilo que Ele faz.

Eu O segui, mesmo quando Ele me repeliu. Eu observei Seus mandamentos, mesmo que ele tenha me golpeado por isso. Eu O amei, fui e permaneço amoroso Dele, mesmo que Ele tenha me rebaixado até o chão, que Ele tenha me torturado até a morte, que Ele tenha feito de mim objeto de opróbrio e de riso.

Meu rabi contou-me muitas vezes a história de um judeu que, com sua mulher e seu filho, tinha fugido da Inquisição espanhola. Ele embarcou num pequeno navio e, apesar da tempestade, conseguiu chegar a uma ilhota rochosa. Lá, um raio fulminou sua mulher. Depois, um tornado arrebatou a criança lançando-a às ondas do mar. Só, infeliz como as pedras, em farrapos e com os pés descalços, fustigado pelo vento, apavorado pelos trovões e relâmpagos, desvairado e levantando as mãos ao céu, o judeu prosseguiu, desolado, o seu caminho pelos rochedos e dirigiu-se a Deus:

Deus de Israel, disse ele, fugi até aqui para poder servir-Te livremente, para observar Teus mandamentos e santificar o Teu nome. Mas Tu, Tu fazes de tudo para impedir-me de acreditar em Ti. Contudo, se Tu pretendes, com estas provas, conseguir desviar-me do caminho reto, eu Te advirto, meu Deus e Deus de meus antepassados: Teus esforços serão em vão. Podes continuar a ofender-me, a fustigar-me, a arrancar-me aquilo que tenho de mais caro e de mais precioso no mundo, podes torturar-me até a morte – eu sempre acreditarei em Ti. Amar-Te-ei sempre, sempre – apesar e contra Ti.

E estas são também as últimas palavras que Te dirijo, oh meu Deus furioso: isto não Te valerá de nada! Fizeste de tudo para fazer-me duvidar de Ti, para que eu não creia em Ti. Mas morro exatamente como vivi, com uma fé inquebrantável.

Louvado seja para sempre o deus dos mortos, o deus vingador, da verdade e da justiça, que muito em breve mostrará novamente Sua face ao mundo e que com a Sua voz todo-poderosa fará tremer este mundo nos seus alicerces.

Schemá Israel! Escuta, Israel, nosso deus o Eterno, o Eterno é Um. À Tua mão, Oh, Senhor, entrego meu último suspiro!

ZVI KOLITZ

"Yes?" – Há um pouco de chiado na linha. "Sr. Kolitz? " – "Yes" – "O senhor é o autor de *Yossel Rakover?"* – "Yes". Será que fiquei mudo? Escuto pigarrear do outro lado da linha, do outro lado do Atlântico. "Quem é o senhor?", ele me pergunta. Eu me apresento. Sim, certamente, poderei ir vê-lo, quando quiser. Novamente, sinto um nó na garganta.

Isso passou-se há anos. Mas enquanto eu conservar algum vislumbre de razão, não esquecerei do modo como conheci Zvi Kolitz.

Tudo que eu sabia dele até aquele dia levava-me a crer que estivesse morto há muito tempo. Havia vasculhado em vão todos os arquivos disponíveis, não tinha podido encontrar seu nome em nenhum registro.

"Você deveria desistir", aconselhara-me um amigo. Afinal, de nada adiantaria procurar o autor. "Este texto ultrapassa o seu autor!" Seria possível que fosse esse o caso? De qualquer maneira, era-me impossível afastá-lo de minhas cogitações ou abandonar minhas buscas. Ele me obcecava.

Eu havia então insistido com uma amiga de Nova York – a cidade onde, ao que me constava, ele havia vivido nos anos de 1950 – ao menos para encontrar o seu túmulo, em Manhattan ou no Brooklyn. "Impossível", respondeu-me ela também. "E afinal, Zvi Kolitz? Quem teria sido ele, afinal?" Porém, no dia seguinte ela me comunicava o seu endereço completo, descoberto... na lista telefônica, entre um Kolitz David, que morava na rua 65, e um Kolivas Nicholas, na rua 87. Ele, Zvi Kolitz, mora nos arredores do Central Park, lado sul.

Uma semana mais tarde eis-me no seu apartamento, sentado diante dele. Minha atenção foi logo atraída pelo nariz aquilino, os lábios arqueados, depois pelos seus olhos e, por fim, pela maneira como se aprumava ao se levantar ou ao andar (na verdade, ele era muito frágil, porém eu só me aperceberia disso muito mais tarde). Um festival de buzinas do Columbus Circle chegava abafado até onde nos encontrávamos. Zvi Kolitz quase desaparecia na sua poltrona ricamente revestida, de onde ele me observava com olhar vivo e inquiridor. Por cima de sua cabeça, um quadro representava uma cidade recoberta de neve em algum lugar da Europa do Leste. Nós nos falamos e nos reencontramos frequentemente depois, mas esta primeira vez foi como a clave numa partitura musical, ela conferiu certa tonalidade a tudo aquilo que aconteceria em seguida. De repente, a história tornou-se um livro do qual afastamos os olhos para nos certificarmos completamente daquilo que acabamos de ler, deixando por entre as páginas viradas há apenas alguns instantes um dedo introduzido no volume para marcar uma passagem. Zvi Kolitz e Yossel Rakover! Eu jamais tinha ouvido falar desses nomes até alguns meses atrás, no outono de 1992, alguns dias antes da morte de minha mãe; um amigo apresentou-os a mim: Zvi Kolitz e Yossel Rakover, criador e criatura de uma obra tida como desaparecida, um dos maiores textos do século XX, que cabe em duas páginas de letra miúda e que teima em perder-se a cada vez que é reencontrado.

"Leia isto! Eis alguém para quem a fé ainda tem um sentido!", diz-me o meu amigo ao tirar de sua maleta algumas fotocópias visivelmente feitas às pressas, que ele colocou sobre minha mesa. A apresentação tipográfica parecia de outra época e, mais ainda, o título: *Yossel Rakover Fala a Deus*. Assim que me vi só na sala, mergulhei na leitura, sem nem mesmo conseguir me sentar. Depois recortei cuidadosamente as fotocópias, fiz novo jogo de fotocópias aumentado e melhorado. Ao anoitecer, dei-o a minha mulher. No dia seguinte, fiz meus filhos e filhas lerem a narrativa. Enviei-o depois aos meus irmãos, aos meus amigos, em seguida aos meus conhecidos, colegas e parentes próximos ou distantes. Essa necessidade era irresistível, não podia guardar o texto só para mim.

Raros são os textos, sem dúvida, que nos provocam tantas lágrimas. Por que, durante os meus estudos, não o encontrei em nenhum dos meus livros escolares? É um trecho de poesia que resplandece no campo literário, que queima como um jato de chamas. Com uma tal intensidade que poderia provir de Shakespeare, sendo tão grave e tão poderoso que poderia ter sido escrito por Job.

Contudo, o autor dessas páginas não é nem poeta nem profeta, mas sim Zvi Kolitz, um jovem jornalista e agente secreto. Zvi Kolitz e ninguém mais. Na época, ele não tinha sequer trinta anos. Examino-o de soslaio, enquanto ele conta sua vida.

Meu amigo havia ficado encantado com um ensaio que o filósofo Emmanuel Levinas[1] tinha consagrado, no final dos anos cinquenta, na época de Jean-Paul Sartre e Albert Camus, à descoberta de *Yossel Rakover* na França. "O que significa este sofrimento dos inocentes?", escrevia Levinas. "Não testemunha ele um mundo sem Deus, uma terra em que apenas o homem é a medida do Bem e do Mal? A reação mais simples, a mais comum, consistiria em concluirmos pelo ateísmo. Esta seria também a reação mais sadia para todos aqueles a quem, até então, um deus algo primário distribuía prêmios, infligia castigos ou perdoava as faltas e que, em sua bondade, tratava os homens como eternas crianças. Não obstante, de qual demônio retardado, de qual mágico estranho povoaram vocês o seu céu, vocês que hoje o declaram deserto? E por que, sob um céu vazio, procuram vocês ainda um mundo sensato e bom?"

Depois, meu amigo tinha procurado incansavelmente por esse *Yossel Rakover de Tarnopol Fala com*

---

1. Ver supra, p. 73. (N. do T.)

Deus, pesquisando um documento desaparecido que tratava de um "deus de adulto", de um "deus pessoal contra o qual alguém pode revoltar-se, isto é, por quem se pode morrer". Porém, durante muito tempo ele não o encontrou em parte alguma, seja em francês, seja em alemão, seja em qualquer outra língua. Ele acabou por descobri-lo, em versão alemã, num fascículo amarelado dos Néuen Deutschen Hefte de 1956, abandonado no subsolo da Biblioteca Nacional de Munique. "Apenas o homem que havia reconhecido o deus velado tem o direito de exigir [seu] desvelamento", havia escrito ainda Levinas. Se isso era verdade, eu então me encontrava sentado diante de um desses seres raros.

Entrementes, eu tinha ouvido dizer, contudo, que esse Kolitz era um tipo estranho, muito esquisito: "Um instável, de percurso estranho, com uma personalidade ao mesmo tempo desorganizada e genial". Seus outros escritos eram "insignificantes", apenas o seu *Yossel Rakover* era "magistral, mas que permanecia único, uma espécie de Marseillaise" (como se alguém pudesse escrever dois textos dessa espécie em toda uma única vida). Eu obtivera essas informações de Anna Maria Jokl, uma literata que se mudara para Israel e que havia traduzido, em 1954, a obra de Zvi Kolitz em Berlim, com a ajuda do idichista David Kohan; porém, paradoxalmente ela só havia descoberto o autor mais tarde.

Naturalmente, havia guardado desse texto uma viva recordação, confiou-me ela, quando de meu primeiro telefonema para Jerusalém em setembro de 1992. Ela se lembrava muitíssimo bem do enorme trabalho que tivera para torná-lo minimamente publicável, contou-me com um sotaque arcaico da Boêmia. "Ele era horrivelmente barroco!" Sim, explicou-me em sua primeira carta, "devido às passagens impossíveis, elas eram tão sentimentais ou barrocas" que ela fora obrigada a fazer uma reescritura, a fim de "dar-lhe pessoalmente sua forma definitiva". Nós conversamos cerca de quarenta e cinco minutos, dissecando nos mínimos detalhes a complicada história dessa primeira descoberta. Jamais eu poderia imaginar o quanto ela havia sofrido por esse texto! Ela sofrera o diabo com o texto! Ela teria o maior prazer em mostrar-me todos os documentos referentes a ele. Eu me felicitava de antemão. Apenas sobre um detalhe ela silenciou completamente: que Zvi Kolitz ainda estava vivo.

Ela abordou este ponto somente muitas semanas mais tarde, quando lhe anunciei minha próxima viagem para Nova York.

Ah, ela não me havia dito? Não? Estranho! Evidente que ele ainda estava vivo. Por que eu não havia colocado a questão? Ele tinha "uma situação estável", como se dizia, e era também, infelizmente, devido à sua "vida mundana" que ele, há muito tempo, tinha perdido todo "contato com a sua inspiração criativa". Assim sendo, antes de qualquer nova publicação, eu deveria discutir detalhadamente com ela a fim de que ela me desse todas as explicações necessárias. Caso contrário, ela não poderia autorizar-me a reproduzir seu *Yossel Rakover*. Tratava-se de um assunto demasiado importante! Havia tantas coisas em jogo! "Prudência", ela advertiu-me. "Essa história é uma esparrela! Você não pode imaginar as diatribes que apareceram na época! Ele foi terrivelmente atacado. Mas eu o protegi sempre! Então, por favor, nada de novas mistificações!

– Já que eu vou estar com o Sr. Kolitz, devo transmitir as suas lembranças?

– Não, não, não é necessário. Oh, você sabe, quando se rompe, está rompido."

Evidentemente, um abismo havia sido criado entre a velha senhora e o Sr. Kolitz, naquela oportunidade, mas também... "E, acima de tudo, não pense – sua voz a milhares de quilômetros de distância interrompeu o curso dos meus pensamentos – que se trata de uma história de amor que terminou mal. Não, não, foi muito, muito mais grave! Muito mais grave!" Ela tosse. Quando retoma a palavra, a sua voz range como uma porta emperrada.

"De onde tirou aquilo que você escreveu?", ela perguntara na sua primeira carta a Kolitz em 1955. "Quem é você? Quero a verdade, seja você um monstro ou um gênio!". Ela já tinha traduzido o texto, e é claro que não como a "narrativa de Zvi Kolitz" (aliás, na época ela ignorava que ele fosse o autor), mas sim como o *Testamento de um Certo Yossel Rakover, do Gueto de Varsóvia*. "Quem sou eu? – ele respondera – Eu sou um judeu sem complexo de inferioridade e creio em Deus." Um deus ao qual, se ele O encontrasse algum dia, ele diria, é verdade, "algumas coisas para deixar-Lhe os cabelos em pé".

Mas para saber onde foi ele buscar aquilo que escreveu é preciso contar a história de sua vida, remontando até seu nascimento.

Zvi Kolitz nasceu em 14 de dezembro de 1919 em Alytus, um vilarejo da Lituânia, situado às margens do Niémen, entre Grodno e Kaunas. "Nesta cidadezinha viviam seis mil judeus e nenhum deles era inculto – segundo suas lembranças – Ainda hoje, ouço suas vozes em meus ouvidos quando eles cantavam os salmos de *Schabat*. Morávamos numa casa de madeira ao lado da sinagoga, uma enorme construção de tijolos vermelhos".

Zvi Kolitz é, pois, um judeu lituano, um *litvak*[2], como se diz. E antes da guerra, a Lituânia judia era um mundo em si. *Lithuania,* diz ele décadas mais tarde, servindo-se de um jogo de palavras em inglês sobre sua pátria de origem. "A *Lithuania* não era um Estado, mas sim um estado de espírito. Efetivamente, no mapa da Europa este país era único no seu gênero."

Diferentemente de todos os países vizinhos, os judeus tinham vivido na Lituânia durante setecentos anos sem sofrer *pogroms*. Era como um oásis tão protegido que lá desenvolveu-se um grupo étnico específico, considerado como a aristocracia intelectual e espiritual do judaísmo do leste-europeu. O mapa da Lituânia estava salpicado, como um céu estrelado, por comunidades judaicas florescentes. Nas cidades, eles representavam cerca de um terço da população.

---

2. Em inglês *lithuania* significa também "lituano", em ídiche *litvak,* além de designar a Lituânia. Note-se que o termo *litvak,* judeu lituano, tem em ídiche uma acepção especial, pois sugere um indivíduo racionalista, realista, erudito e sagaz. (N. do T.)

No século XVIII, Eliahu ben Schlomo Zalman, um lituano, foi o único erudito a resistir resolutamente à fascinação magnética do movimento hassídico. O que valeu a este grande adversário do irracionalismo, reconhecido por todo o mundo judeu como um gênio, tornar-se célebre como o "Gaon de Vilna". Para ele, o espírito judeu, com a sua tradicional tendência à erudição, deveria abrir-se no mais alto grau à cultura moderna do mundo cristão. Tal concepção será o fundamento de uma maneira de pensar especificamente lituana, na qual o local de estudos tornava-se mais importante do que a sinagoga, o alfabeto mais sagrado do que a oração. Enquanto que a versão judaica do Iluminismo nascida na Alemanha induziu, de Varsóvia a Londres, inúmeros judeus a abandonarem a fé de seus pais, ela imprimiu ao judaísmo lituano e à sua cultura um vigor sem igual. Em nenhuma outra parte houve tal florescimento de jornais, de revistas em ídiche[3], de editoras e de escolas. Todos, ou quase todos, eram instruídos. Na Lituânia, podia-se ler e estudar em ídiche: Homero, Dante, Shakespeare, Goethe, Púschkin, Hegel, Dostoiévski, Kafka, Tchékhov, Nietzsche, todos os clássicos da literatura mundial, toda a cultura moderna.

Na pequena Lituânia o calendário judaico contava quase mais do que qualquer outra medida de tempo (até mais do que aquela seguida em Israel). Até hoje, Zvi Kolitz sabe apenas que seu pai morreu em 22 do

---

3. Adotamos a grafia ídiche proposta em Guinsburg, J. *Aventuras de uma Língua Errante*, São Paulo, Perspectiva, 1996. (N. do T.)

mês de *Tevet* (quer dizer, sem dúvida, em janeiro), sendo que ele não se preocupa absolutamente em calcular a data no calendário gregoriano. Em nenhuma outra parte a assimilação mostrou-se tão baixa, nem os judeus foram tão ricos em instituições políticas e culturais. Em nenhuma outra parte o sionismo teve raízes mais vigorosas e mais profundas.

É nesse mundo que se criou Zvi Kolitz, sob o comando de seu pai Nachman, um rabi e talmudista de grande reputação. Sua maneira ousada de dirigir-se a Deus de igual para igual ele a aprendeu na casa de estudos de Alytus. Na Lituânia, Kierkegaard também foi traduzido do dinamarquês para o ídiche. Não foi por acaso que Emmanuel Lévinas reconheceu imediatamente, no autor desconhecido de *Yossel Rakover*, um irmão espiritual. Afinal, Lévinas era também um *litvak* – bem como o Sr. Schuschani, seu misterioso mestre, esse "Mozart da *Torá*", que surgiu em Paris no imediato após-guerra e cujo rastro irá perder-se em Montevidéu.

Zvi ainda não havia comemorado seu décimo primeiro aniversário quando, em 1930, Nachman Kolitz sucumbiu à diabete com quarenta e quatro anos de idade. "Não façam esmorecer meu amor": tais foram suas últimas palavras, dirigidas à família, aos vizinhos e aos membros da comunidade que se comprimiam ao redor do seu leito de morte. Esse homem havia imprimido sua marca, como se cunha uma moeda, no menino desamparado sentado aos seus pés. "Era alguém excepcional, um ser de elite", diz Zvi Kolitz, que tinha então trinta anos a mais que seu pai no seu último dia.

"Eu tive uma juventude feliz", confidenciou-me por ocasião de nossa primeira entrevista. Depois, ele deixou-se levar pelas lembranças: sua mãe Hanna, nascida Hesslson, era oriunda de Eydtkuhnen, na fronteira prusso-lituana e ensinou aos seus filhos poemas alemães. Em casa, porém, a família só se expressava em ídiche e em hebraico. Ainda hoje, contudo, versos alemães retornam espontaneamente à sua memória, não obstante essa língua ter veiculado, no ínterim, um veneno que infectou a Europa inteira.

Sua derradeira lembrança da Lituânia – onde antes da guerra viviam cento e sessenta mil judeus – é a infernal explosão de anti-semitismo que brutalmente pôs fim aos setecentos anos de coexistência, de respeito mútuo. Para escapar a ela, a mãe deixou o país em 1937 com seus quatro filhos, Luís, Zvi, Chaim, Itzhak e suas quatro filhas, Malka, Rachel, Paya e Rebeca – antes que a Lituânia fosse triturada, espremida entre as hordas de Hitler e de Stálin. Zvi tinha dezessete anos quando, jovem judeu ávido de saber, foi-lhe proibido o acesso à universidade em sua terra natal, tendo ele sido obrigado a atravessar a Alemanha em delírio para chegar a Florença. Durante quase duas décadas ele conhecerá, primeiro durante sua estada na Itália e depois em Israel, ao invés das intermináveis noites de verão e das longas noites de inverno do país báltico, os breves crepúsculos mediterrâneos. Ele jamais retornou à Lituânia. Percorreu o mundo com paixão, mas não reviu e não quer mais rever as florestas de pinheiros, as colinas de curvas doces e as lagunas de sua infância.

Interrompeu seu êxodo em Munique. Aproveitando uma parada de trem e apesar da proibição, percorreu o bairro da estação. A calma inquietante que reinava na capital do partido nazista o amedrontava. Alguns dias mais tarde, no porto de Trieste, ele separa-se de sua família, que embarca para a Palestina. Ele só se juntará a ela, passando por Veneza e Alexandria, após o desencadeamento da Segunda Guerra Mundial. A Itália fascinou-o e terminou por retê-lo.

Entrementes, após a assinatura do pacto Hitler-Stálin, o exército vermelho invadiu a Lituânia. O novo poder vindo do leste impôs imediatamente o fechamento das escolas judaicas, proibiu todas as organizações sionistas, prendeu um grande número de intelectuais e expropriou os industriais.

Zvi Kolitz chegou a Jerusalém em 1940 – ele mal atingira a maioridade. A partir desse dia, terminaram os anos de formação do jovem estudante de história da Universidade de Florença. Doravante, ele próprio faz a História. Engajou-se imediatamente no movimento de Jabotinsky, que travou uma luta implacável pela criação de um estado judeu, e no Irgun, a organização clandestina extremista que queria expulsar os ingleses do país pelas bombas. Sim, Zvi Kolitz era um extremista. Desde seus tempos de juventude na Lituânia ele era ferozmente anticomunista. Não tivera nenhuma dificuldade em reconhecer no evangelho leninista um messianismo perverso. Seu pai já o havia esclarecido a respeito, da mesma forma como ele havia lido em Dostoiévski que "sem Deus tudo é possível". Contudo, mesmo durante o período ameaçador que o nazismo fazia pairar sobre o mundo, o jovem recusou-se a esquecer as atrocidades stalinistas e denunciou os perigos mortais do messianismo ateu: ele passou a ser alvo de chacotas por causa disso. Ele é tomado quase que por um iluminado à la Dostoiévski, uma espécie de príncipe Muischkine lituano: um "Idiota".

Nessa época seu engajamento no Irgun tem por consequência ser trancafiado por duas vezes nas prisões inglesas. No entanto, em julho de 1941 o seu irmão mais velho Luís, capitão da Força Aérea Britânica, morreu pela Inglaterra por ocasião de um ataque contra o encouraçado alemão Scharnhorst, perto de Brest. E o próprio Zvi Kolitz, o homem sentado na sua poltrona diante de mim, que de tempos em tempos alisa com uma distinção de *gentleman* algumas mechas da rala cabeleira, é nada menos do que um coronel britânico aposentado. "A luta contra o Império britânico foi dura. Mas para mim os ingleses eram *gentlemen*, mesmo quando eu padecia nas suas prisões". Contudo, devido a certas atividades passadas, ele sente-se ainda um pouco marginalizado no Israel de hoje.

Em junho de 1941, no tempo em que Zvi Kolitz ainda percorria a Palestina, as tropas alemãs entraram na Lituânia, onde a população as acolheu com flores. Os alemães haviam quebrado o jugo soviético! Mas Hitler acabou aquilo que Stálin havia começado. A Lituânia tornou-se parte da "Ostland" do Reich, a Lituânia mergulhou em sangue – no sangue dos judeus. As autoridades de ocupação desencadearam imediatamente as perseguições. Elas eram executadas ainda, é verdade, num sistema pré-industrial, de maneira artesanal, por assim dizer, massacrando por fuzilamento. Esses fuzilamentos permaneciam cercados por um estranho segredo. O genocídio continuava praticamente ignorado pelo mundo. Em 1º de dezembro de 1941, o Standartenführer SS, Karl Jäger, encaminhou a Berlim, de Kaunas, uma carta de nove páginas, com a marca "Segredo do Reich": ela continha uma contabilidade minuciosa dos fuzilados, com balanços parciais a cada página. Seu número elevava-se ao total de cento e trinta e sete mil trezentos e quarenta e seis. E Karl Jäger concluía: "Eu posso assegurar hoje que o EK3 atingiu nosso objetivo, isto é, a solução do problema judeu na Lituânia. Não há mais judeus na Lituânia".

Zvi Kolitz, entretanto, guarda desse período sobretudo a recordação – tão viva como se fosse ontem – do dia em que as tropas de Rommel avançavam sobre a Palestina via África do Norte: a Rádio Creta anunciava, de hora em hora, que a bandeira da cruz gamada não tardaria em estar fincada na torre de Davi, em Jerusalém. O Hotel King David estava, então, repleto de reis e rainhas vindos do mundo inteiro. "A cidade havia se tornado um asilo de cabeças coroadas, enquanto nós elaborávamos planos para nos retirarmos imediatamente, após o ataque da Wehrmacht, para as grutas das colinas do Mar Morto. Nessa mesma época chegou da Sibéria o general polonês Anders, acompanhado por Begin, que se tornou o chefe do Irgun."

Em 1942 os membros do movimento Jabotinsky engajaram-se, por razões táticas, no exército britânico: tratava-se de unir todas as forças disponíveis contra os nazistas. Na primavera seguinte, na longínqua Varsóvia, os judeus levantaram-se de armas nas mãos contra os seus poderosos opressores, quando os nazistas decidiram enviar para o campo de extermínio de Treblinka o que restava dos habitantes do gueto. No começo da Páscoa judaica os SS cercaram o gueto e nele penetram, armados de lança-chamas. Porém, subitamente vinte e dois grupos de combate os enfrentam, mil *bunkers* subterrâneos abrigavam os resistentes. É um evento inusitado: é a primeira grande revolta organizada judia desde que Bar Kochba, o "filho da Estrela", em quem o rabi Akiba acreditou reconhecer o Messias, sublevou-se contra os romanos. Naquele época, após o esmagamento da insurreição no ano 135, o imperador Adriano escorchou vivo rabi Akiba e, pela primeira vez na história do mundo, havia "purificado" uma cidade inteira de toda presença judaica: Jerusalém. Nenhum circunciso estava mais autorizado a tocar o solo de Sion. O mesmo destino estava agora reservado à capital da Polônia. "A Varsóvia judaica deixou de existir!", anunciava o Gruppenführer SS, Jürgen Stroop, em 16 de maio de 1943, no seu relatório a Berlim.

Em Jerusalém Zvi Kolitz enverga então o uniforme inglês. Ele foi libertado da sua prisão britânica a tempo de entrar no exército, no qual ocupou a função de oficial recrutador-chefe. Até o fim da guerra, ele percorrerá o Egito, a Palestina e todo o Oriente Próximo, a fim de levar o máximo número de judeus a se engajarem nas forças do Reino Unido. Paralelamente, ele já trabalhava como jornalista, colaborando com o diário *Haboker* e com diversos hebdomadários. Publicou também uma coletânea de contos curtos em hebraico, "um livro ingênuo sobre o que estava ocorrendo na Europa. Até 1943 nós não sabíamos nada". Mas logo rumores sombrios percorreram o país como bandos de corvos de funesta plumagem. Falava-se de massacres em grande escala na Polônia. Contava-se que os dirigentes da Agência Judaica dissimulavam a verdade para não enfraquecer o esforço de guerra. Eram inúmeros rumores sinistros, cada vez mais angustiantes.

Na pátria de origem de Zvi o bibliotecário Hermann Kruk escreveu nessa época em seu diário: "Vilna afoga-se no sangue judeu". Em setembro de 1944 ele próprio morre numa das gigantescas fogueiras que as próprias vítimas deviam preparar antes de nelas se deitarem para serem fuziladas. Algumas ainda fumegavam quando o Exército Vermelho reconquistou a Lituânia. Os soldados russos as fotografaram. Esse foi o fim dessa comunidade judaica lituana, única no seu gênero. Os raros sobreviventes haviam, em sua maioria, se unido aos grupos de *partisans* judeus que, nas florestas, lutavam contra o Reich alemão. Um desses grupos denominou-se Nekome – "vingança", em hebraico. Em nenhuma outra parte, por toda a Europa sob o jugo nazista, a exterminação dos judeus foi tão radical quanto nesse cantão em que a sua cultura tinha florescido de maneira a mais vigorosa. Foram não mais do que seis por cento a sobreviverem à *Schoah*. A pequena Lituânia destacou-se uma última vez no mundo judeu – mas agora pela amplitude de sua destruição.

Zvi Kolitz tomou conhecimento apenas muito mais tarde do destino dos judeus de sua cidade natal. "A comunidade de Alytus foi inteiramente massacrada. Não pelos alemães, não, mas pelos seus vizinhos lituanos, cuja crueldade deixara estupefatos até mesmo os soldados alemães. Foi qualquer coisa de incrível." "Cada rosto me era conhecido", prossegue Zvi Kolitz, como tampouco ele se esqueceu dos rostos dos assassinos que tinham sido os vizinhos dessas pessoas, que haviam vivido ao lado delas.

De todo modo, desde então a velha Lituânia é apenas um estado de espírito – nunca a fórmula foi tão verdadeira. Em 1996, antes de terminar este relato, visitei-a – muito particularmente esse lugar no qual Zvi Kolitz não mais quis pôr os pés. A antiga sinagoga de Alytus, em tijolos vermelhos e amarelos, serviu durante muito tempo como depósito de sal. Hoje é uma ruína de portas condenadas. A grande sala desmoronou, seu assoalho foi arrancado e os animais selvagens vêm nela procurar refúgio. Recolho uma lasca de pedra, coloco-a no bolso do meu sobretudo. Um pequeno painel, sobre um portão, indica que aqui se encontra o *Beit ha-midrash*, o lugar de estudos da antiga comunidade judaica. Peço a Jadvyga Rimikieni, a velha senhora de doces olhos claros que foi a filha do padeiro, que me mostre a casa em que nasceu Zvi Kolitz. Ela me conduz a uma grande construção de madeira, rua Uzuolankos, efetivamente contígua à entrada da sinagoga: "É aqui que habitava o belo rabino que tinha tantos filhos e morreu tão jovem". A casa, que não viu a menor camada de pintura há décadas, é agora o abrigo de seis bêbados desempregados. Essa rua dos judeus tornou-se uma rua de pobres diabos.

A senhora Rimikieni sabe ainda algumas canções em ídiche, que seus vizinhos lhe ensinaram quando ela era muito jovem. Sim, confirma ela, não há mais um único judeu em Alytus. "Foi atroz, esse massacre." Ela quase desfalece ao evocar essa recordação profunda, soterrada sob outras deixadas pelos quarenta anos de dominação soviética que se seguiram. Como tal horror pôde ocorrer? Ela jamais o soube. Essa questão não devia ser colocada. Agora o lilás floresce, as galinhas cacarejam, uma trilha poeirenta sobe a colina. Defronte, lá em baixo, morava o *hazan*, diante de nós, à direita, o açougueiro – atrás de sua casa subsiste ainda o suporte no qual ele degolava as galinhas. Na floresta, as valas comuns sucedem-se quase se tocando e um pequeno monumento "convida ao silêncio e ao recolhimento", porque "este solo está encharcado de sangue". Alytus tornou-se, durante a guerra, o maior campo de carnificina do país: após o massacre de seus habitantes judeus, sessenta mil pessoas foram transferidas para cá, provenientes de todas as regiões sob ocupação nazista e massacradas. Quem, na Alemanha, ouviu ser pronunciado o nome desta pequena cidade?

Em comparação, o antigo cemitério judeu, do outro lado do Niémen, parece quase plácido. Como relíquias de antiga era geológica, os antigos túmulos repousam sobre a grama, à sombra das árvores esparsas de um pequeno bosque. Os raios de sol cintilam através dos ramos. Muitas pedras tumulares desapareceram ou foram reviradas e quebradas, muitas tumbas foram abertas. Do solo salpicado de pequenas flores – efeito da última chuva – emana um odor de cogumelos. Os judeus tinham o hábito de jogar pequenas pedras ou um pouco de grama por sobre o ombro ao saírem do cemitério, contou-nos em seguida a filha do padeiro. Colho uma pequena flor. Onde repousa Nachman Kolitz? Um velho túmulo degradado assemelhava-se ao de um rabino, esburacado – dir-se-ia um crânio fraturado –, atapetado de pedregulhos e de cacos de vasos, no qual sobressai um pequeno vaso. Na entrada do cemitério uma inscrição em ídiche diz que aqui se encontra "a antiga casa da eternidade judaica – bendita seja a recordação dos que se foram".

"Em 1943, na Palestina nós sabíamos que estava ocorrendo algo", contou-me Zvi Kolitz quando de nosso primeiro encontro. "Em 1944 isso tornou-se uma certeza, mas estávamos longe de conhecer a magnitude da catástrofe." Ele se calou e depois prosseguiu, sacudindo a cabeça: "lembro-me que havíamos discutido esses rumores numa reunião. Perguntávamo-nos sobre o que poderia haver de verdade nisso tudo. Alguns levantaram-se para dizer que isso era impossível. Foi então que Itzhak Grienbaum, antigo membro do parlamento polonês, levantou-se abruptamente esmurrando a mesa e gritou: 'Eles nos exterminam em massa na Polônia!'. Ignoro por que não acreditamos nele. Porque ele era de esquerda? Porque ele era ateu? Não sei. Não escutei o termo 'câmara de gás' antes de 1945".

Após a guerra Zvi foi preso mais uma vez numa prisão britânica. Em seguida ele recomeçou a percorrer o mundo, quase sempre com duas missões: uma oficial, outra secreta. Oficialmente ele representava o movimento Jabotinsky, oficiosamente o Irgun. Prosseguiu mais ativamente do que nunca o seu trabalho de relações públicas e de recrutamento, mas agora tendo como objetivo um Estado em vias de nascer. Em 1946, com vinte e seis anos de idade, foi delegado do Congresso Sionista Mundial em Bâle, e pouco depois em Buenos Aires. Ele chega às margens do Rio da Prata a bordo de um aparelho militar britânico, ao final de uma longa e aventurosa viagem via Khartum. Por sua vez, nessa época Buenos Aires fervilhava de rumores. Um ano antes a Argentina declarara guerra à Alemanha – para ganhá-la logo a seguir. Agora, nazistas em fuga vinham, noite após noite, engrossar as colônias alemãs do país. Vindo de Solingen, um Obersturmführer SS desembarcou sem chamar a atenção de ninguém, sob o nome de Ricardo Clement, aliás, Adolf Eichmann, o artífice da "solução final da questão judaica". Perón torna-se ditador.

"Os judeus argentinos apenas acabavam de tomar conhecimento daquilo que havia ocorrido na Europa. Eu dava conferências todas as noites, falava do que poderíamos fazer, explicando que o único recurso de que dispúnhamos era a criação de um Estado judeu." Ele tosse levemente. "Somente em Buenos Aires viviam mais de oitenta mil judeus. E eu me lembro precisamente que, entre duas de minhas palestras, um certo senhor Mordehai Stoliar, diretor de um diário local, o *Ídiche Zeitung*, veio me pedir se eu aceitaria escrever alguma coisa para o seu número sobre o *Iom Kipur*. Eu respondi : "Sim, tenho alguma coisa em mente da qual há muito tempo gostaria de desembaraçar-me".

Pouco antes havia sido descoberta em Varsóvia, enfiada em garrafas e latas de leite, a crônica do gueto escrita por Emmanuel Ringelblum. Ela terminava em dezembro de 1942 com estas palavras: "Nossa submissão não serviu para nada. Nunca mais isto deverá se ocorrer novamente". Na França o poeta Itzhak Katzelnelson, internado num campo de concentração perto de Vittel de outubro de 1943 a janeiro de 1944, havia escrito *O Canto do Povo Judeu Assassinado*, tendo depois escondido esse longo poema em três garrafas que ele enterrou. Esses escritos foram encontrados pouco depois do fim da guerra.

Porém, provavelmente muitos textos, a maior parte em ídiche, devem encontrar-se ainda enterrados aqui e ali, em alguma parte da Europa do Leste – uma verdadeira biblioteca da história da *Schoah* em vias de decomposição. Apenas em 1978 é que se desenterraram, em Radom, os frascos nos quais Simcha Guterman tinha escondido, em 1942, seu relato sobre a deportação dos judeus de Plotsk, escrito em minúsculos pedaços de papel. O médico Lazar Epstein, o bibliotecário Hermann Kruk e o poeta Abraham Sutzkever tinham descrito a vida e a morte da comunidade judaica de Vilna e escondido esses documentos. O filósofo Benzion Rapaport escondeu seu último manuscrito num vidro de conservas que o protegeu do horror, do fogo e da destruição. Poder-se-iam citar ainda inúmeros outros nomes, inscrevendo-os nessa longa tradição segundo a qual o último ato de resistência consiste em dar testemunho, sobretudo para transmití-lo às gerações futuras. Qualquer escrito com essa finalidade deve ser salvo – encerrado em garrafas, em potes, em latas de ferro, recipientes de qualquer tipo – como os escritos que, da mesma forma, foram descobertos dentro de vasos de terracota nas grutas de Qumran, em 1947, às margens do Mar Morto, escritos datados de há dois mil anos atrás.

Isso se dá porque, desde tempos imemoriais, um preceito rabínico exige que se preserve de qualquer profanação o menor pedaço de pergaminho ou papiro no qual figure, total ou parcialmente, o nome de Deus. No século XX, durante os *pogroms* da Primeira Guerra Mundial, esse princípio foi estendido por poetas e escritores, para além dos *Scheïmess*, com relação aos nomes divinos, a todos os testemunhos sobre o destino do povo judeu. Todos esses textos deveriam ser conservados e protegidos. Era uma obrigação. Por ocasião do cataclisma o nome de Israel tornou-se assim tão sagrado quanto o de seu Deus.

Dezesseis meses depois do fim da guerra, último cronista, tardio e isolado, Zvi Kolitz, por sua vez, pôs-se a escrever para lançar uma derradeira garrafa ao mar. Uma única lâmpada iluminava o seu quarto com uma luz fraca, a cama desfeita, uma cadeira colocada diante da pequena mesa na qual se encontram a caneta e um caderno aberto, as folhas em branco. Kolitz não viu com os próprios olhos nada daquilo que agora vai pôr no papel. De certa maneira, porém, dois elementos essenciais tornam seu testemunho ainda mais verdadeiro do que aquele de qualquer testemunha ocular.

Em primeiro lugar, ele não viu nada mas ele *sabe* mais do que os combatentes do gueto sobre a verdadeira extensão da *Schoah*.

O segundo aspecto é mais capital ainda. Em princípio Zvi Kolitz – da mesma maneira que as autênticas testemunhas da catástrofe – queria endereçar sua imaginária garrafa-ao-mar para as gerações futuras e para os sobreviventes. O seu lamento, porém, mudou de maneira brusca e radical de destinatário. Nessa mesma noite, no seu quarto de hotel, ele escreveu: *Yossel Rakover Dirige-se a Deus*.

"Foi no City Hotel, em Buenos Aires. Eu estava só. E me lembro que comecei pelo fim – que é o final que eu tinha na cabeça. Em seguida tive que encontrar o resto, refletindo no intervalo entre os numerosos discursos que devia fazer noite após noite. Lembro-me perfeitamente, porém, de ter escrito o final em primeiro lugar e o começo por último. Foram-me necessários vários dias para articular a história até o seu desfecho: uma vida inteira". Novo silêncio: "Em suma, o Estado de Israel ainda não existia".

O espantoso fio condutor fornecido pela História, que se situa entre a insurreição do gueto de Varsóvia e a criação do Estado de Israel, é também aquilo que o jovem agente do Irgun enfatiza em sua obra. Isso porque seu relato nutre-se de uma experiência tirada não das últimas horas do gueto, mas sim do combate dos judeus pela sua nova-antiga pátria na Palestina, onde eles viveriam em segurança. Assim, a agonia descrita por ele reflete, na realidade, as primeiras dores de um extraordinário, incrível nascimento. A bandeira azul e branca com a estrela de David já tinha sido içada em 1943 em Varsóvia, por ocasião das confrontações na praça Muranowski, no âmago do horror. Nenhum outro lugar foi defendido mais encarniçadamente. Antes mesmo de sua criação Israel levantou-se na Europa – contra a Alemanha! Em Varsóvia a Casa de Jacob levantou-se, recusando-se a permanecer de joelhos.

"Meu pai, eu me lembro, repetiu-me cem vezes que, como um todo a história de Israel reflete-se na de Jacob às voltas com Yaboq. Claro, por antecipação! Jacob estava só. Um homem lutara com ele até o amanhecer, e dissera-lhe então: 'Deixe-me!...Você não se chamará mais Jacob, mas sim Israel, porque você lutou com Deus e ganhou'. Pareceu-me que no gueto de Varsóvia essa luta tinha atingido um novo apogeu. Jacob sabia que não tinha nenhuma chance. Por que ele se bateu mesmo assim? Era um absurdo". Zvi Kolitz levantou-se, cruzou os braços e virou-se. *Yossel Rakover* foi-lhe pago em dólares ou em libras argentinas? Quanto? Tudo isso ele esqueceu. O texto apareceu em 25 de setembro de 1946, no número do Dia do Grande Perdão, "escrito especialmente para o *Ídiche Zeitung* por Zvi Kolitz", indicava o título. Alguns dias mais tarde, em 16 de outubro, dez criminosos de guerra alemães serão executados na longínqua cidade de Nüremberg.

Kolitz conservou o jornal? "Naturalmente. Devo tê-lo em algum lugar. Vou dá-lo a você". E qual foi a sequência dos acontecimentos? "Bem, ele recebeu uma acolhida comovente e eu então pensei: eis aí, acabou, não se fala mais nisso. Um ano mais tarde, o texto apareceu em Nova York, traduzido para o inglês, numa coletânea que foi rapidamente esgotada. Para mim o assunto estava definitivamente encerrado."

Ele se enganava redondamente. Pelo contrário, o fato é que, desde então, pode-se contar a vida de Zvi Kolitz a partir de dois eixos distintos: de um lado a sua biografia pessoal, de outro o destino de Yossel

Rakover, "a história de uma história", uma espécie de pequeno romance de aventuras. Isso porque o texto, tal como uma garrafa no mar, atravessa efetivamente os oceanos. E com a diferença de que, exatamente ao contrário do drama de Pirandello no qual seis personagens estão em busca de um autor, essa história tenta, rápida e insistentemente, descartar-se do seu autor. Paradoxalmente a vida deste é quase mais fácil de reconstruir do que a odisséia de seu herói. E no entanto Zvi Kolitz levou uma existência que preencheria várias delas: foi jornalista, escritor, recrutador, orador, cineasta, homem de negócios, agente secreto, produtor, professor e um talentoso "coletor de fundos" para a causa de Israel.

Seu maior sucesso é *A Colina 24 Não Responde Mais,* primeiro filme do jovem cinema israelense a ser premiado em festivais internacionais – em Cannes e no México. Em seguida ele escreveu livros. Contei, nas prateleiras de sua biblioteca, seis títulos que levam a sua assinatura, entre outros: *Tiger Beneath the Skin* (uma coletânea de contos breves), *Survival for What?, The Teacher, Confrontation.* Todos esgotados. No momento ele trabalha em uma nova obra, que se chamará *The Genesis Revisited* (Quem é que não reescreveu a Bíblia?). Produziu peças de teatro e comédias musicais na Broadway com grande sucesso, tendo aí sofrido, há alguns anos, um fracasso espetacular.

Escreve ainda regularmente uma crônica no *Algemayner Shournal,* jornal nova-yorkino em língua ídiche e no hebdomadário *Jewish Week.* Todas as quartas-feiras, dá um curso na Yeshiva University.

Quando ele trata do grande inquisidor Torquemada, essa figura é para ele tão presente, tão palpitante quanto a de seu pai, quanto a do padre de Alytus ou a do maharal de Praga. Ele senta-se entre os espectadores vociferantes na corte do rei de Aragão, por ocasião do debate teológico que opõe Nachmanide a Pablo Christiani, o mais célebre converso de seu tempo. Os rabinos dos séculos passados e os poetas ingleses povoam o universo de seus contos na mesma medida que Ben Gurion ou Martin Buber e Else Lasker-Schüler, que ele conheceu em Zurique ou nas ruas de Jerusalém.

É a Yossel Rakover que ele deve sua união com sua segunda mulher, Mathilde. Conheceram-se no fim dos anos 40, no México. Nessa mesma noite a jovem beldade sefarade, oriunda de antiga família de Salônica, recopiou o texto à mão – a fotocópia ainda não existia – na sua versão inglesa, que Zvi Kolitz trazia em sua bagagem. "Eu trabalhei a noite inteira", ela se recorda, "porque não sabia se nós nos reveríamos algum dia". Em seguida viveram longos anos em quartos de hotel – tanto em Nova York quanto em outras cidades do mundo, e mesmo depois do nascimento de seu filho Jonathan –, tendo como único ponto fixo o apartamento que ele possuía em Tel-Aviv. Uma vida de artistas, de nômades, sempre prontos a fazer as malas. Por fim, estabeleceram-se em Nova York, onde eles sempre tinham morado em hotel: o apartamento às margens do Mediterrâneo não se tornou o seu lar. Porém, vão todos os anos a Jerusalém, uma viagem que para ele continua carregada de emoção, na qual a todo momento surge uma recordação. Hoje ele, o nacionalista extremista que tanto lutou para que os judeus tivessem o seu estado, aspira ardentemente pela paz. Que Israel esteja em paz consigo mesmo e em paz com todos os seus vizinhos. Desde o início ele acompanha o "processo de paz" com uma atenção intensa e ansiosa e, a cada revés, fica doente. "Se tivéssemos permanecido em Israel – diz sua mulher – Zvi provavelmente estaria morto há muito tempo."

"Nada corrompe tanto quanto o sucesso", diz ele a respeito de sua rápida emigração para os Estados Unidos. "Foi o sucesso de meu filme que me fez deixar Israel." Soube de outra versão: ele teria partido em consequência de um desentendimento com Menahem Begin, até então um amigo próximo. "Não", confiou-me sua esposa durante nossa primeira conversa a dois, "creio que é por minha causa, porque não falo suficientemente bem o hebraico."

Quem sabe! De qualquer maneira, na América, o seu caminho cruzou-se novamente, inopinadamente, com o de Yossel Rakover. Tendo vindo apresentar seu filme nos Estados Unidos, ele leu na imprensa ídiche de Nova York, num artigo do escritor Jacob Glatstein, que em Israel o dirigir-se a Deus de Yossel Rakover não cessava de suscitar interrogações e debates: trata-se de um documento autêntico, escrito no gueto de Varsóvia, ou de uma ficção? O autor está morto ou ainda vive? "Eu não compreendia. Antes de minha partida eu havia passado muito tempo com Ben Gurion no deserto e só tinha lido a imprensa hebraica." Um riso breve. "Telefonei então para o jornal, depois escrevilhes uma carta na qual repetia: não compreendo. Eu nunca escondi que esse texto fosse meu."

O fato é que Yossel Rakover começou, ao longo dos anos, a levar uma existência independente, depois de ter-se previamente desembaraçado do seu autor. Da mesma forma como outrora o rabi Löw tinha, no sótão da Altneuschul, a antiga sinagoga de Praga, moldado o Golem em barro, em seu quarto de hotel em Buenos Aires Zvi Kolitz havia aparentemente criado, a partir das letras do alfabeto hebraico, o "Yossel, filho de David Rakover de Tarnopol". Ele tornara-se uma criatura viva. Eliminando, porém, o seu criador.

Aí está a história, tal como pudemos reconstituí-la. Em 1953 um desconhecido enviou da Argentina para a revista *Die goldene Keït*, de Tel-Aviv, um *Testamento Escrito no Gueto de Varsóvia*. O texto é datilografado e não contém, evidentemente, nem a referência do jornal, nem a breve epígrafe, nem tampouco o nome do autor e a menção "conto". Na primavera de 1954 a renomada revista trimestral em ídiche publica-o como "um documento autêntico". Abraham Sutzkever, seu diretor – e ilustre poeta do gueto de Vilna –, reconhecerá mais tarde: "Isso nos emocionou de tal maneira, parecia tão autêntico, que não pensamos em fazer averiguações". A retificação de Zvi Kolitz não apenas chegou tardiamente, como pareceu inoportuna – e não serviu para nada.

Em janeiro de 1955 o "documento descoberto" foi difundido pela Rádio Berlim Livre numa versão alemã de David Kohan e Anna Maria Jokl. Dois meses mais tarde ele surgiu, de novo anônimo, em Paris, onde o periódico sionista *La Terre retrouvée* publicou-o em tradução francesa. E *Yossel Rakover* conhece uma imensa repercussão. Thomas Mann leu-o e, pouco antes de sua morte, descreveu-o em sua correspondência como um texto sagrado, "um emocionante documento religioso e humano". Rudolf Krämer-Badoni redigiu uma comovente resposta a esse Rakover, cujas cinzas ele acreditava misturadas às de Varsóvia: "Acabo de ler a sua carta. Como deve ser grande o seu Deus, para despertar tais almas entre os homens!".

Tal repercussão, no entanto, ainda seria ultrapassada pela enorme algazarra, pelos virulentos protestos desencadeados pelas cartas vindas, não do além mas de Nova York, de um certo Senhor Kolitz que se pretendia o autor. Como! Esse desconhecido, esse simples mortal que, para começar, está vivo e além disso nunca pôs os pés em Varsóvia, ele reinvindica a paternidade desse texto! Jamais isso lhe será perdoado. Sendo assim, qualquer um poderia falar a mesma coisa! E a partir daí afirmar igualmente que Auschwitz era uma invenção! Etc. Portanto: vigarista! Impostor! Trapaceiro! Canalha! Subitamente ocorreu que dever-se-ia também reexaminar o texto, examiná-lo de um ângulo completamente diferente! A Senhora Jokl esforçou-se, em vão, para acalmar os espíritos, objetando: "Mas o que sabemos do homem que escreveu o Livro de Job e com quem se parecia ele?". Em outubro de 1955 *Rakover* é difundido novamente, desta vez com o nome de seu verdadeiro autor. A Senhora Jokl fez uma resenha para o jornal *Tagerspiegel* e, no ano seguinte, publicou pela primeira vez, no *Neuen Deutschen Heften*, o roteiro remetido por ela à rádio, acompanhado de um comentário. Oito anos mais tarde, contudo, em 1963, apareceu na França o magnífico ensaio de Emmanuel Lévinas sobre a obra descoberta de um "autor anônimo" (cuja tradução deveu-se ao escritor Arnold Mandel): "um texto belo e verdadeiro, verdadeiro como só a ficção o pode ser", assinala o filósofo.

Em 1965, o texto reapareceu em Jerusalém, traduzido pela primeira vez para o hebraico, no jornal *Ani Ma'min*. Novamente ele é simplesmente intitulado *Testamento*. Zvi Kolitz, tenaz, enviou uma retificação, redigida com delicadeza e de maneira circunstanciada. Três anos mais tarde o texto apareceu numa revista de Nova York com sua assinatura, mas com um acréscimo: embora não se tratasse de um documento autêntico, "existiu efetivamente, em Varsóvia, um Yossel Rakover que morreu nas chamas" e cujo destino o autor conheceu. Afirmação totalmente inexata. Em meados dos anos 70 pôde-se ler, numa obra publicada em Israel, que *Yossel Rakover*, um documento anônimo do gueto de Varsóvia, ter-se-ia tornado um dos textos fundadores do movimento "Gush Emunim" (partidário do Grande Israel), sendo lido frequentemente em suas reuniões. Nos Estados Unidos ele foi integrado aos livros de orações, tanto entre os judeus ortodoxos quanto entre os reformistas. "Amigos que conhecem a história contaram-me", revela Zvi Kolitz, "que no dia de *Iom Kipur* o rabino da grande sinagoga 'conservadora' da rua 89 apresentou aos fiéis um ator conhecido, que desejava ler um texto oriundo do gueto de Varsóvia. Essas páginas teriam sido encontradas nos escombros, após o esmagamento da insurreição. Ele leu *Yossel Rakover* e as pessoas choraram. Meus amigos depois foram ver o rabino e lhe disseram: 'Mas como isso é possível? Nós conhecemos o autor'. Ele respondeu que sabia, mas que dessa forma era mais comovente. Isso passou-se há cinco ou seis anos. É assustador. Isso me atormenta e me inquieta."

Para complicar ainda mais a situação, a cada nova publicação, ou quase, de *Yossel Rakover*, oferece-se uma versão diferente, que se afasta mais ou menos das outras, mas sempre do original. Há apenas algumas semanas Zvi Kolitz foi solicitado a dar seu acordo para uma nova tradução do dinamarquês para o sueco. Na verdade, ele não releu atentamente nenhuma das novas versões de seu texto, nem mesmo as traduções que ele próprio pagou. Essa forma de manter-se afastado alimenta as especulações e as dúvidas sobre sua paternidade. Ele jamais se comportou como um escritor vigiando zelosamente o destino de sua obra, da qual ele conhece de cór cada palavra. Ora, tal comportamento parece inconcebível aos olhos dos críticos.

Uma foto num porta-retrato de prata sobre sua cabeceira mostra-o no início dos anos 50, no México. Como Carlos Gardel, o lendário rei do tango, ele exibe um elegante terno de linho branco. Esse belo jovem com ares de dândi poderia ser um *bon-vivant* – talvez ele o tenha sido – ou um aventureiro, o que seguramente ele foi. A foto data da época em que ele conheceu sua mulher Mathilde. De qualquer maneira, ele já comia *cascher*, mesmo que ainda fumasse aos sábados (faz trinta anos que deixou de fumar). Ele não viaja jamais sem o seu xale de orações e começa cada dia pela recitação dos salmos.

Sempre conversou em ídiche com Isaac Baschévis Sínger, que durante muito tempo morou a algumas quadras. É por causa de seus contos que ele lia regularmente o *Forwerts*, a despeito de seu total desacordo com a linha política desse jornal de esquerda. Contudo, foi sem nenhuma satisfação que ele viu a História fornecer uma terrível justificação a suas convicções anticomunistas, na medida em que a exploração do passado trazia à luz, como depois da fusão da neve, a então inconcebível multidão de vítimas da dominação bolchevista. Ainda nos anos 1980 Zvi Kolitz era tido como indesejável na União Soviética, por ordem expressa das autoridades portuárias de Leningrad. A KGB sempre manteve seu nome na memória e interessou-se mais por ele do que por qualquer outro crítico literário. Com a notável exceção, contudo, de Baschevis Sínger, que Zvi Kolitz, por sua vez, vinha escutar cada vez que podia. E dessa forma, um dia, há alguns anos, ele escutou o prêmio Nobel de literatura, ao ser interrogado sobre a sua atitude a respeito do Holocausto, citar um conto intitulado *Yossel Rakover Fala a Deus*, declarando que ele pensava exatamente a mesma coisa. "Ele pensava como Yossel! Eu não acreditava no que estava ouvindo. Como Jacob ao Yabboq."

Quando Jacob retomou seu caminho ele tinha sido ferido, mas igualmente abençoado. E quanto a ele, qual bênção teria recebido? "Você me pergunta qual é a benção e qual é a ferida? Eu vou lhe dizer: a ferida é a bênção! Eu sou um homem muito feliz". Ele virou a cabeça, inspirou profundamente. "Não quero erigir um culto ao sofrimento. Contudo, a felicidade sem sofrimento é uma maldição! Espere um momento". Ele levantou-se, foi até a biblioteca: "É preciso que eu leia para você uma passagem do *Voyage au Sinaï*, de Kazantzakis". Ele colocou seus óculos, folheou o livro. "Escute: 'Você se lembra desse dia em que Iahvé falou aos homens? Como as montanhas e os humanos desagregavam-se na sua mão, como os reinos desmoronavam sob seu pé? O homem grita, implora, esconde-se em grutas, acomoda-se nas fossas. Ele tudo faz para escapar-lhe. Mas Iahvé fincou-se no seu coração como um punhal'." Kolitz estendeu sua mão longa e fina: "A ferida é isso. Nossa missão está ligada a ela! É a ferida existencial de que fala Heidegger e a respeito da qual os judeus sabem mais do que qualquer outro povo: a ferida da existência. Eu não perdi ninguém que eu conhecesse em Auschwitz, contudo, não se passa um único dia sem que eu pense em Auschwitz. Tornei-me incapaz de não me sentir pessoalmente atingido por uma tragédia, seja onde for que ela ocorra. O que acontece na Bósnia ou em qualquer outro lugar do mundo me toca pessoalmente. Isso é uma ferida. Abra o jornal: cada dia é uma ferida".

Ele sofre, repetidamente, de profundos estados de melancolia, é assaltado por pequenas e grandes obsessões, sofre de insônias frequentes. *Maschalot nefesch*, uma aflição da alma, explica ele. "É daquilo que falava o rei David quando dizia: "Minha alma está obscurecida." Não existe remédio eficaz. No entanto, ele tem uma vida verdadeiramente feliz e também bastante humor, um riso comunicativo. Acontece-lhe irradiar alegria tal como uma criança, se bem que ele já seja avô. Ele perdeu sua mãe oito anos antes do nosso primeiro encontro, depois duas de suas irmãs, Paya e Rebeca e, há algumas semanas, seu irmão Haim. Cada um de seus irmãos e irmãs é um personagem de romance. Com exceção de seu irmão Luís, nenhum outro membro de sua família morreu de morte violenta. O próprio Zvi nunca matou ninguém, a despeito de todas as guerras das quais participou – em 1948, quando do sítio de Jerusalém, ele estava na linha de frente. Haim era um homem de negócios próspero antes de se consagrar à escrita e publicou quatro livros, três sobre rabinos reputados e uma polêmica contra o famoso Yeshayahu Leibowitz, que tornou-se, às custas de muita combatividade, o censor de Israel. Rachel, sua irmã mais nova, é considerada, ao lado de Nehama, a irmã desse mesmo Professor Leibowitz, como a maior exegeta bíblica de Israel. Itzhak, seu irmão mais jovem, é desde 1983 o grande rabino de Jerusalém.

O carrilhão cristalino de um relógio, soando todas as meias-horas, acompanha a nossa conversação e, por fim, assinala seu término. O texto de Zvi Kolitz fez a volta ao mundo, mas sem o seu autor: o texto não o tornou mundialmente célebre. "Não, *Yossel Rakover* não mudou minha vida. Ele é minha obra, oriunda de uma convicção na qual me criei. Como poderia a criatura transformar o espírito que a criou?", explica Kolitz sem falsa modéstia. Mas ele não encontrou o original argentino que queria me dar. Que eu queira desculpá-lo, mas lamentavelmente ele é mal-organizado em demasia, terrivelmente confuso. Pena.

O terraço envidraçado escureceu-se, o crepúsculo desceu sobre o Central Park. As luzes da cidade acendem-se e cintilam por cima das árvores. A sirene de um carro de polícia soou e depois perdeu-se ao longe. Lanço um derradeiro olhar ao redor do apartamento – a biblioteca, a pequena mesa de mármore, os tapetes, os quadros, a lareira – enquanto ele faz uma dedicatória de duas linhas amáveis num belo livro que me ofereceu, no lugar do inencontrável original. Trata-se de um minucioso trabalho assinado por uma sumidade de Chicago: um livro inteiro consagrado a Yossel Rakover e ao ensaio de Emmanuel Lévinas, o qual, com seu olhar perspicaz, há muitos anos atrás foi o primeiro a reconhecer nesse texto uma ficção e a vê-lo como um salmo moderno.

Mas será possível que Zvi Kolitz tampouco tenha lido esse livro? Começo a folheá-lo durante o trajeto de retorno e, subitamente, um sobressalto: essa brilhante análise crítica do texto, efetuada há muito tempo atrás, demonstra que o original jamais foi escrito em ídiche, mas que foi redigido em inglês e em Nova York. Como diz muito precisamente seu prefácio, a obra é uma "festa intelectual". O autor, o professor van Beeck, um holandês instalado em Chicago, é um eminente discípulo do filósofo alemão Gadamer.

De acordo com as suas investigações o texto ídiche é devido a um "tradutor anônimo", que em seguida o propôs à revista de Tel-Aviv. Mas isso não é tudo. Esse tradutor também enriqueceu consideravelmente a versão inicial. Os acréscimos são assinalados palavra por palavra, apoiados em provas. Eu os examino em detalhe e constato que estão todos entre as principais passagens desse extraordinário testamento. A idéia é fascinante: tudo isso não torna essa história ainda mais bela e mais misteriosa? Trata-se, então, de maneira quase bíblica, de um texto magnético que, no decorrer de seu périplo, atraiu "arranjadores" inspirados? De qualquer maneira: de acordo com esse trabalho solidamente argumentado, não existe original em ídiche datado de 1946. Por que Zvi Kolitz não me disse nada disso?

O Professor van Beeck, que eu contatei imediatamente após o meu retorno, mostrou-se extremamente cooperativo. Nunca até então, quando empreendia uma pesquisa, alguém tinha concordado em me ajudar de todas as maneiras possíveis e imagináveis. Entretanto, ele também é incapaz de responder a essa questão. Em contrapartida, enviou-me uma caixa cheia de documentos, entre os quais encontro traduções em inglês, em francês e em espanhol, bem como o texto em ídiche aparecido na *Goldene Keït*, de Tel-Aviv. Esse texto, eu o tenho em minhas mãos pela primeira vez. Coisa mais importante ainda: ele está em caracteres hebraicos, acompanhado porém de uma transcrição fonética em letras latinas que me permite traduzi-lo eu mesmo.

O serviço de informações telefônicas de Buenos Aires não conheceu nenhum *Ídiche Zeitung*. Quanto aos Stoliar (cujo pai poderia eventualmente ter dirigido esse jornal), a lista é interminável. De Berlim a Nova

York, nenhuma biblioteca judaica possui um único exemplar, nem uma cópia ou microfilme desse maldito periódico. Por acaso, telefono para o Colégio dos jesuítas da capital argentina; um certo padre Oscar Lateur atendeu. Ele tampouco pôde me ajudar – como poderia? Além do mais, o bom padre estava evidentemente muito ocupado com outras tarefas. O que fazer? Devo terminar meu relato sobre meu encontro com Zvi Kolitz. Ele já está sendo aguardado na redação. Estamos em 12 de março de 1993. Aproxima-se a comemoração do quinquagésimo aniversário do início da insurreição no gueto de Varsóvia e meu artigo deve sair nessa data.

Desencorajado, abro o jornal e percorro as feridas de hoje: violações na Bósnia, as sombras dos cavaleiros do Apocalipse sobre a Rússia, a mortal espiral de violência no Oriente Médio. Meu irmão Klaus foi internado há alguns dias num hospital do outro lado da cidade e eu sei que ele está morrendo. Vou vê-lo todos os dias, depois retorno ao meu escritório – trabalho numa nova tradução do texto inicial em ídiche para o alemão. Subitamente, um aviso de fax, seguido do ronronar do rôlo. Leio B-u-e-n-o-s A-i-r-e-s, enquanto a primeira página sai da máquina. Trata-se de um artigo, recortado em pequenos pedaços que foram novamente colados. Está em caracteres hebraicos, que sou totalmente incapaz de decifrar. Apenas a linha que traz o título aparece em caracteres latinos: *"El Diario Israelita – Miércoles 25 de Setiembre 1946"*. Chamo, para me ajudar, um amigo que sabe decriptar as letras hebraicas. O texto deve estar terrivelmente amarelado, ele me chega tão cinzento que tenho a impressão de respirar a poeira dos arquivos do qual ele foi, sem dúvida, retirado. Enormes manchas de tinta espalham-se por cada página. As folhas estão manchadas, muito empalidecidas por um lado, muito ensombrecidas por outro, com vazios e contudo não há engano possível: *"Jossl Rakowers wendung zu Got* – (conto) escrito especialmente para a *Ídichee Zeitung* por Zvi Kolitz". Segue-se um trecho indecifrável, depois trechos mais claros: No... gueto de Var... entre os pedaços de pedras calcinadas e de restos humanos ...o testamento que se segue, escrito por um judeu ... E mais adiante, perfeitamente legível: "Varsóvia, 28 de abril de 1943. Eu, Yossel, filho de David Rakover de Tarnopol, discípulo do rabi de Ger e descendente das justas, sábias e virtuosas famílias Rakover e Meisls, escrevo estas linhas no gueto de Varsóvia em chamas...".

Isso bastava. Era a chave. Definitivamente, alguns desconhecidos prestativos, nos quatro cantos do planeta entre o céu e a terra, participaram, voluntariamente ou não, do nascimento do livro que se encontra, neste momento, em suas mãos. Alguns só vim a conhecer posteriormente. Com outros, tive apenas contatos telefônicos. E outros ainda, com quem nunca cheguei a conversar. Com a ajuda de uma "buena señora Helena", o padre Lateur fez pesquisas numa biblioteca da *calle* Pasteur, no "bairro judeu" de Buenos Aires. Ele encontrou o texto lá e sem perder um minuto fez uma fotocópia, trecho por trecho e enviou-o por fax para a Alemanha. Terminei meu artigo alguns dias mais tarde e, nessa mesma noite, o meu irmão morreu. Na sexta-feira, 23 de abril de 1993, o artigo sobre Zvi Kolitz e

Yossel Rakover apareceu no suplemento da *Frankfurter Allgemeine Zeitung*.

Zvi Kolitz, em Nova York, estava exultante: enfim, ninguém mais colocaria em dúvida sua paternidade literária. Porém, menos de seis semanas mais tarde, o jornal israelense *Haaretz* publicou artigo de Haim Beer no qual esse jornalista e escritor conhecido deplorava que *Yossel Rakover*, "o texto mais comovente, mais lancinante, oriundo da *Schoah*", seja "infelizmente, uma falsificação". Entrementes, chegou a Frankfurt, entre as numerosas cartas de leitores, uma de Jerusalém: um protesto enérgico da senhora Jokl que, em termos violentos, se insurgia contra meu plágio e a falsificação de seu "original". Pouco depois, recebi de Buenos Aires, pelo correio, uma fotocópia do texto completo.

Entrementes, um amigo havia-me mostrado um manual de instrução religiosa para as classes de segundo ciclo dos liceus, no qual figuravam passagens do texto com a menção: "Profissão de fé judaica, por Yossel Rakover, que era influenciado pelo hassidismo". Apenas alguns meses antes, eu tinha lamentado que ele não se encontrasse em nenhum livro escolar – na minha época eu nunca o havia visto. E eis que ele estava lá, mesmo que fosse sob a forma de trechos selecionados, sob um nome de autor errado e seguido de um exercício: "Caracterize a fé que se exprime neste texto. Compare-o com as críticas dirigidas por Ivan Karamazov a Deus. Yossel Rakover é um Job moderno?".

Tive em mãos, recentemente, uma "Oração de Yossel Rakover, acompanhando o testamento que ele escreveu no gueto de Varsóvia em chamas". "Senhor", diz a oração, "eu vim ao mundo para crer em Ti... Mas Tu fizeste tudo para impedir-me... Tu me reduziste ao estado de um pedaço de carne, jogaste-me ao cães raivosos, Tu me marcaste com o estigma da vergonha..." E, depois do assassinato de Rabin, o jornal israelense *Jerusalem Post* citou "o testamento de Yossel Rakover... encontrado nos escombros do gueto de Varsóvia". O mito é inabalável como um rochedo.

Nas minhas prateleiras acumulam-se documentos e cartas de e para Zvi Kolitz, preenchendo seis grandes pastas. No ano passado, apareceu nos Estados Unidos nova edição da mensagem a Deus de Yossel Rakover, acompanhada de novo ensaio, muito bonito, do Professor van Beeck e de outras análises comoventes e eruditas. De minha parte, remanejei o meu trabalho publicado no suplemento do *Frankfurter Allgemeine* e tranformei-o num opúsculo publicado no outono de 1994.

Tudo isso não mudou nada e não serviu para nada. Yossel Rakover prossegue o seu caminho segundo suas próprias leis e sua viagem não está prestes de terminar.

"Yossel Rakover é a história de um judeu que é possuído por sua fé como por um *díbuk*", disse certa vez Isaac Baschevis Sínger. Durante o verão de 1994, reuni algumas citações desse gênero com vistas a preparar a primeira aparição em livraria dessa incrível história, fornecendo algumas informações sobre o pequeno volume de título rebarbativo. O filósofo George Steiner afirmou, numa carta, que os judeus sofriam da "dor de Deus" como outros sofriam de saudades da pátria ou de penas de amor. O teólogo Klaus Berger comparou a queixa de Yossel Rakover não apenas aos Livros de Job e de Esdras, mas também ao capítulo 9 do apóstolo São Paulo dirigindo-se à pequena comunidade de Roma. Para Daniel Krochmalnik, a história do texto e de suas edições evocava uma novela de Jorge Luís Borges. Wolf Biermann, quanto a ele, estava justamente ocupado em sua nova tradução do magnífico *Chant* [du peuple juif assassiné] do poeta assassinado Itzhak Katznelson que, antes de morrer, invectivava o "céu vazio". E ele escreveu, a propósito da obra muito mais curta do ex-jornalista Zvi Kolitz: "Desde que fiquei sabendo que essa última oração não foi escrita em letras de sangue na hora da morte, mas com tinta por um escritor bem-vivo, admiro ainda mais esse texto genial que figura, na minha opinião, entre os melhores da literatura mundial". Deveria eu integrar tudo isso nesse pequeno volume? Hoje, os comentários sobre Yossel Rakover preencheriam vários livros. Eu hesitava, indeciso.

Depois, na manhã de 18 de julho, escutei pela rádio que uma "sinagoga" havia sido destruída, em Buenos Aires, por um atentado à bomba. Os boletins de informação difundidos durante o dia traziam detalhes mais precisos : o atentado havia destruído inteiramente a sede de uma obra assistencial judaico-argentina no 633 da *calle* Pasteur. Ocorrera às 9 e 55 e o momento havia sido escolhido deliberadamente, quando todos os funcionários, mesmo os mais retardatários, teriam chegado ao escritório. Mais de duzentas pessoas encontravam-se no edifício de sete andares. O barulho da explosão ressoou por toda cidade. Durante horas, a rua estreita foi uma visão do inferno. Serão necessários ainda vários dias para resgatar todos os corpos e os sobreviventes, mais ou menos gravemente feridos, da massa de escombros.

Era o mesmo imóvel no qual, no ano anterior, em março de 1993, Helena Berlfein e o padre Lateur tinham encontrado o original do conto de Zvi Kolitz. No terceiro andar havia uma biblioteca, escutei pela rádio. Foi seguramente aí. Digo-me que os volumes contendo a coleção do *Ídiche Zeitung* estavam cobertos de poeira: esse folhetim local tinha cessado de existir há muitos anos. Quanto tempo Helena Berlfein havia passado a examiná-los? Ela deve ter percorrido página por página todos os números de setembro de 1946. Porque o famoso texto, uma das maiores obras do século, que o padre Lateur a havia encarregado de descobrir, não tinha aparecido em primeira página. Foi nas páginas 39 e 40 da última edição antes do dia do Grande Perdão que ela acabou por encontrá-lo. De repente, entre anúncios publicitários de um banco polonês, de um alfaiate, de uma loja de aparelhos de iluminação, de fabricantes de polainas, de roldanas, de camas, ela percebeu e seguiu com o dedo as palavras: "Nas ruínas do gueto de Varsóvia, foi encontrado ... o seguinte testamento ... ".

Vejo, uma vez mais, subitamente, Zvi Kolitz em pé, diante de mim, ereto, o rosto entre as mãos, alisando as mechas de cabelo. Observo-o novamente a me fixar, a sacudir a cabeça. "Deus dos mortos, o que é que isso quer dizer? Ninguém acredita mais do que nós na vida e não na morte. No entanto, mais gente morreu por nosso Deus do que por nenhum outro. Pensem nessas multidões – para mencionar apenas as crianças. Elas vivem por Ele! Elas vivem por Ti! Ah, deus dos mortos, deus dos assassinados!" Ele se cala, fecha os olhos, reabre-os. "Sabe o que me tortura atrozmente? Nossa total impotência, até hoje, de expressar o que verdadeiramente nos aconteceu. Nós não chegamos a pôr a verdade em palavras. É uma ferida que não se fecha. Não está dito. Somos incapazes de fazê-lo. É indizível. E talvez não devêssemos exprimi-la."

É claro, isso não o impede de continuar a procurar as palavras, as suas e as dos outros. Recentemente ele tinha lido, como me escreveu em sua última carta: "O Holocausto é uma espécie de buraco negro no cosmos. Um avalista da existência do Mal. É para os judeus, daqui para a frente, o equivalente da crucificação".

Nessa noite, retirei a caixa do alto do armário e reexaminei as fotocópias manchadas que eu havia empacotado no verão passado, depois que o padre Lateur me havia enviado outro exemplar pelo correio. Eu mesmo havia reunido os pedaços com tesoura e cola. Haviam-me dito que o texto estava cheio de erros de datilografia e a pontuação deixava transparecer o trabalho apressado. Duas ou três passagens pareciam rasuradas. O tipógrafo de Buenos Aires não tinha feito seu trabalho muito cuidadosamente. Mas o próprio conto mostra-se em alguns lugares descosido e mais de uma vez as transições são bizarras. O autor não teme desvios da lógica nem as contradições, as incoerências ou as repetições. Ele não teve a mínima preocupação com a qualidade do seu estilo. Em comparação, a versão posterior, "anônima", aparecida em Tel-Aviv, era a própria perfeição. Além do mais, com o toque de especialista do poeta Abraham Sutzkever, o texto lacônico tornou-se muito mais elegante. Trata-se da última particularidade dessa versão original? Todos que foram levados a ocupar-se dela esforçaram-se, cada um à sua maneira, por melhorá-la. E eu, evidentemente, não fui exceção à regra.

De qualquer maneira, as fotocópias foram-me enviadas da Argentina bem a tempo. A colagem que repousava em minha pasta tornou-se o novo original. Esse documento grosseiramene reunido era agora a carta encarregada de transmitir ao próximo milênio essa "falsificação", que sobreviverá a nós como um dos raros documentos verdadeiros do nosso tempo.

Nessa noite, mais tarde, liguei para Zvi Kolitz, que vive cada ataque contra a Casa de Jacob tão dolorosamente como se atingisse sua própria família. Como se, até mesmo na velhice, ele devesse redimir-se, tomar a seu cargo todo o sofrimento do qual ele havia escapado na Europa em sua juventude. Nossa conversa foi breve. Ele havia, evidentemente, sabido do atentado, mas ignorava que o imóvel destruído era aquele onde havia sido encontrado o seu texto. Eu lhe disse. Ele repetiu minhas palavras com um tom incrédulo.

"Então, acrescentou, agora é verdade de fato? Essas folhas se encontram realmente enterradas sob uma montanha de pedras calcinadas e de restos humanos?"

Paul Badde

AMAR MAIS A *TORÁ* QUE DEUS[1]

Entre as recentes publicações no Ocidente consagradas ao judaísmo, são numerosos os belos textos. Encontra-se facilmente talento na Europa. Os textos verdadeiros são raros. O exaurimento dos estudos hebraicos, há cem anos, deixou-nos afastados das fontes. O saber que se produz ainda não se assenta numa tradição intelectual. Ele permanece autodidata, mesmo quando não é improvisado. Que corrupção para um escritor ser lido apenas por aqueles que são menos sábios do que ele! Sem censores, nem sanções, os autores confundem esta falta de resistência com a liberdade e esta liberdade, por sua vez, com a marca

---

1. Esta alocução pronunciada na emissão "Écoute Israël" (Escuta Israel), em 29 de abril de 1955 é tirada de *Difficile Liberté. Essai sur le judaïsme* (Difícil Liberdade. Ensaio sobre o Judaísmo), Paris, Albin Michel, 1963. (N. do T.).

do gênio. Deveríamos nos espantar caso se encontrem leitores que não acreditem mais no judaísmo – ao qual alguns milhões de impenitentes ainda se apegam no mundo – e que nele vejam um amontoado de sutilezas pouco espirituais, sem interesse nem importância?

Acabamos de ler um texto belo e verdadeiro, tão verdadeiro quanto só a ficção pode sê-lo. Publicado num jornal de Israel por um autor anônimo, traduzido sob o título de *Yossel, Filho de Yossel Rakover de Tarnopol, Fala a Deus para La Terre retrouvée* (A Terra Reencontrada) – periódico sionista de Paris – por Arnold Mandel, esse texto demonstra ter sido lido com emoção. Ele merece muito mais. Esse texto é testemunha de uma postura intelectual que apresenta uma reflexão mais adequada do que as leituras dos intelectuais, mais do que, por exemplo, os conceitos emprestados a Simone Weil, última moda da terminologia religiosa, como é do conhecimento de todo mundo em Paris. Pelo contrário, esse texto nos traz uma ciência judaica pudicamente dissimulada mas segura, e traduz uma experiência profunda e autêntica da vida espiritual.

O texto apresenta-se como um documento, escrito durante as últimas horas de resistência do gueto de Varsóvia. O narrador teria sido testemunha de todos os horrores; ele teria perdido seus filhos pequenos em condições atrozes. Último sobrevivente de sua família ainda por alguns instantes, ele nos lega seus últimos pensamentos. Ficção literária, seguramente; porém ficção na qual cada uma de nossas vidas de sobreviventes reconhece-se vertiginosamente.

Não iremos contar tudo isso novamente, se bem que o mundo não tenha aprendido nada e tenha tudo esquecido. Recusamo-nos a oferecer em espetáculo a Paixão das Paixões, bem como extrair qualquer glocíola de autor ou de diretor desses gritos inumanos. Eles ressoam e repercutem, inextinguíveis, por toda a eternidade. Escutemos apenas o pensamento que neles se articula.

O que significa este sofrimento dos inocentes? Não testemunha ele um mundo sem Deus, numa terra em que apenas o homem é a medida do Bem e do Mal? A reação mais simples, a mais comum consistiria em concluirmos pelo ateísmo. Esta seria a reação mais sadia também para todos aqueles a quem até então um deus, um tanto primário, distribuía prêmios, infligia sanções ou perdoava faltas e que, em sua bondade, tratava os homens como eternas crianças. Não obstante, de qual demônio retardado, de qual mágico estranho povoaram vocês seu céu, vocês que hoje o declaram deserto? E por que, sob um céu vazio, procuram vocês ainda um mundo sensato e bom?

A certeza de Deus é vivenciada por Yossel filho de Yossel com uma nova força, sob um céu vazio. Porque, se ele existe tão só é para que sinta sobre os seus ombros todas as responsabilidades de Deus. No caminho que leva ao Deus único há uma etapa sem Deus. O verdadeiro monoteísmo deve obrigar-se a responder às exigências legítimas do ateísmo. Um deus de adulto manifesta-se precisamente através do vazio do céu infantil. Momento em que Deus retira-se do mundo e vela a sua face (segundo Yossel ben Yossel). "Ele sacrificou os homens aos seus instintos ferozes", diz nosso texto. "...E já que são esses instintos que dominam o mundo, é natural que aqueles que preservam o divino e o puro sejam as primeiras vítimas dessa dominação".

Um Deus que vela a Sua face não é, pensamos, a abstração de um teólogo nem a imagem de um poeta. Trata-se do momento em que o indivíduo justo não encontra qualquer socorro exterior, em que nenhuma instituição o protege e no qual o consolo da presença divina através do sentimento religioso infantil também lhe é recusado, no qual o indivíduo somente pode triunfar na sua consciência, isto é, necessariamente através do sofrimento. Tal concepção especificamente judaica de sofrimento jamais assume o valor de uma expiação mística pelos pecados do mundo. A posição das vítimas é aquela do sofrimento num mundo em desordem, isto é, num mundo em que o bem não consegue triunfar. Ela revela um deus que, renunciando a toda e qualquer manifestação de amparo, clama pela plena maturidade do homem integralmente responsável.

Porém, esse deus que vela a Sua face e abandona o justo à sua justiça sem triunfo – esse deus longínquo – brota do interior. Intimidade que coincide, para a consciência, com o orgulho de ser judeu, de pertencer concretamente, historicamente, simplesmente ao povo judeu. "Ser judeu significa ... nadar eternamente contra a imunda e criminosa corrente humana ... Sou feliz por pertencer ao povo mais infeliz de todos os povos da terra, ao povo cuja *Torá* representa o que há de mais elevado e de mais belo nas leis e morais"[2]. A intimidade com o deus viril conquista-se através de uma prova extrema. Através do meu pertencimento ao povo judeu que sofre o deus longínquo torna-se *meu deus*. "Agora sei que Tu és verdadeiramente o meu deus porque Tu não poderias ser o deus daqueles cujos atos representam a expressão mais horrível da ausência de deus, de um deus militante". O sofrimento do justo por uma justiça sem triunfo é vivido concretamente como judaísmo. Israel – histórico e carnal – volta a ser categoria religiosa.

Deus velando a Sua face e reconhecido como presente e íntimo – isso é possível? Trata-se de uma construção metafísica, de um salto *mortal* paradoxal, ao gosto de Kierkegaard? Supomos que no caso manifesta-se, pelo contrário, a fisionomia particular do judaísmo: a relação entre Deus e o homem não é uma comunhão sentimental através do amor a um deus encarnado, mas sim uma relação entre espíritos que se dá por intermédio de um ensinamento, pela *Torá*. Precisamente a palavra não encarnada de Deus é o que assegura um deus vivendo entre nós. A confiança em um deus que não se manifesta através de nenhuma autoridade terrestre só pode repousar na evidência interior e no valor de um ensinamento. Para honra do judaísmo, ela não tem nada de cega. Donde esta frase de Yossel ben

---

2. As diferenças encontradas entre as citações de Lévinas em relação ao texto, ou seja, em comparação ao texto desta edição *Yossel Rakover Dirige-se a Deus,* devem-se à interpretação do filósofo na sua versão do ídiche para o francês. (N. do T.)

Yossel – ponto culminante de todo o monólogo e que faz eco ao *Talmud* como um todo: "Eu o amo, mas amo ainda mais sua *Torá* ... E mesmo que eu estivesse decepcionado com ele e desenganado, eu não observaria menos os preceitos da *Torá*". Blasfêmia? Pelo menos, proteção contra a loucura de um contato direto com o Sagrado sem a mediação da razão. Sobretudo, porém, confiança que não repousa sobre o triunfo de qualquer instituição, evidência interior da moral carregada pela *Torá*. Caminho difícil, seja no espírito ou na verdade e que não tem mais nada a prefigurar. Simone Weil, você jamais compreendeu nada da *Torá!* "Nosso deus é o deus da vingança, diz Yossel ben Yossel, e nossa *Torá* está repleta de castigos de morte para os pecados veniais. Contudo, bastava que o *Sanedrim,* o tribunal supremo de nosso povo, pronunciasse uma única vez em setenta anos um veredicto de pena capital para que os juízes fossem considerados assassinos. No entanto, o deus dos povos ordena amar qualquer criatura feita a sua semelhança, porém é em seu nome que nosso sangue é derramado há mais ou menos dois mil anos".

A verdadeira humanidade do homem e sua doçura viril penetram no mundo através das palavras severas de um deus exigente; o espiritual não se dá como uma substância sensível, mas pela ausência; Deus é concreto não pela encarnação, mas sim pela ausência; Deus é concreto não pela encarnação, mas sim pela Lei; bem como Sua grandeza não é o sopro de Seu mistério sagrado. Sua grandeza não provoca temor e tremor, mas preenche-nos dos mais elevados pensamentos.

Velar-se a face a fim de exigir do homem – sobre-humanamente – tudo, ter criado um homem capaz de responder-Lhe, capaz de abordar o seu deus como credor e não sempre como devedor – que grandeza verdadeiramente divina! Finalmente o credor tem, por excelência, a fé, mas é também aquele que não se resigna às esquivas do devedor. Nosso monólogo começa e termina por essa recusa de resignação. Capaz de confiar num deus ausente, o homem é assim o adulto medindo sua própria fraqueza: situação heróica em que ele se mantém e que torna o mundo válido, ela também o coloca em perigo. Amadurecido por uma fé oriunda da *Torá*, ele reprova a Deus sua desmedida grandeza e suas excessivas exigências. Ele o amará apesar de tudo que Deus tenha tentado para desencorajar o seu amor. Mas "não estique muito a corda", adverte Yossel ben Yossel. A vida religiosa não pode acabar em meio a essa situação heróica. É preciso que Deus desvele a Sua face, é preciso que a justiça e o poder tornem-se convergentes, é preciso instituições justas nesta terra. Porém, apenas o homem que tenha reconhecido o Deus velado pode exigir esse desvelamento. Como é vigorosa a dialética na qual se estabelece a igualdade entre Deus e o homem no próprio seio de sua desproporção.

Eis-nos assim afastados tanto da comunhão cálida e quase sensível com o Divino, quanto do orgulho desesperado do homem ateu. Que Humanismo integral e austero, ligado a uma difícil adoração! E inversamente, adoração que coincide com a exaltação do homem! Um deus pessoal, um deus único, isso não se revela como uma imagem numa câmara escura! O texto que acabamos de comentar mostra como a ética e a ordem dos princípios instauram uma relação pessoal digna deste nome. Amar ainda mais a *Torá* do que a Deus, é nisso que consiste precisamente aceder a um deus pessoal, contra o qual é possível revoltar-se; isto é, por quem se pode morrer.

Emmanuel Levinas

Nota para a Edição Alemã

Uma primeira versão dos dois textos alemães que compõem a presente obra apareceu na sexta-feira, 23 de abril de 1993, no suplemento do *Frankfurter Allgemeine Zeitung*. Depois, uma versão elaborada dos mesmos contos foi publicada, em forma de livro, em 1994, pela Rauhreil Verlag, Villingen.

A edição atual foi inteiramente revista e retrabalhada, da primeira à última linha, e sensivelmente enriquecida. A história de Zvi Kolitz e das peripécias editoriais de sua obra praticamente dobraram de tamanho. Por sua vez, a transcrição em alemão do conto de Zvi Kolitz foi reverificada palavra por palavra de acordo com o texto original que apareceu na quarta-feira, 25 de setembro de 1946, no *Ídiche Zeitung* de Buenos Aires, e meticulosamente remanejada para facilitar a leitura analógica do texto ídiche apresentado aqui, na sua totalidade, pela primeira vez.

Agradeço, em primeiro lugar, a Titus Lenherr, que me deu a conhecer o texto no outono de 1992. Queria também expressar muito especialmente, minha gratidão a Zvi Kolitz e a sua esposa Mathilde por sua generosa franqueza e sua confiança. Nossa amizade é um dom do céu.

Agradeço calorosamente a Arno Lustiger, que estabeleceu a transcrição fonética.

A reconstituição do original em ídiche, a partir da fotocópia das páginas do jornal, em grande parte, bastante difícil de ler, foi assegurada por Gerhard Lauer em Munique. Agradeço-lhe de todo coração, bem como a sua esposa Esther, por esse trabalho e também por suas opiniões e críticas, sempre preciosas, sobre a nova tradução.

Este livro não poderia aparecer sem a ajuda que proporcionaram, em diferentes etapas, por seus trabalhos anteriores, seus encorajamentos e seu concurso, Thomas Schröder, em Frankfurt, Anna Maria Jokl, em Jerusalem, Franz Josef van Beeck S.J., Anita Abraham e Jeffry V. Mallow, em Chicago, Helena Berlfein e Oscar Lateur S.J., em Buenos Aires, Gerhard Schima, em Munique, Patrizia N. Franchini-Müller, em Villingen, Dirk Schümer, em Hamburgo, Petra Eggers, em Berlim e Dovydas Leibzonas, em Vilna.

Após ter prestado a homenagem a Titus Lenherr, queria agora dedicar este livro ao meu irmão Klaus Badde, que por ocasião da primeira redação, acompanhou meu trabalho por sua morte.

Que Deus seja louvado de ter-lhes dado a vida.

Munique, véspera da festa do Grande Perdão de 1996.

Paul Badde

Reprodução da Edição Original
em Ídiche

- 41 -

"איך שטארב א רוהיגער, אבער ניט קיין באפרידיגטער; א געשלאגע־נער, אבער ניט קיין פארשקלאפטער; א פארביטערטער אבער ניט קיין אנ־טוישטער; א גלויבינער, אבער ניט קיין בעטענדער; א פארליבטער אין גאט, אבער ניט קיין בלינדער "אמן" זאגער זיינער.

"איך בין איהם נאכגעגאנגען אפילו ווען ער האט מיר דערווייטערט פון זיך; איך האב געפאלגט זיין געבאט אפילו ווען ער האט מיר געשלאגען דערפאר; איך האב איהם ליב געהאט, איך בין געווען, און געבליבען פאר־ליבט אין אהם אפילו ווען ער האט מיר צו ערד דערנידערינט, צום טויט געפייניגט, צו שאנד און צו שפאט געמאכט.

"מיין רבי פלעגט מיר שטענדיג דערצעהלען א מעשה וועגען א איד וואס איז אנטלאפען מיט זיין פרוי

- 42 -

און קינד פון דער שפאנישער אינ־קוויזיציע און האט זיך דערשלאגען מיט א קליין שיפעל איבער א שטור־מישען ים צו א שטיינערנעם אינזעל. איז געקומען א בליץ און דערהרג'עט זיין פרוי. איז געקומען א שטורם און אריינגעווארפען זיין קינד אין ים. אליין, אלען ווי א שטיין, נא־קעט און בארוועס, געשלאגען פון שטורעמס און געשראקען פון דונערן און בליצען, מיט האר צעשויבערטע און הענט צו גאט געהויבענע, איז דער איד ווייטער געגאנגען זיין וועג אויף'ן וויסטען פעלזען אינזעל און האט זיך געווענדעט צו גאט אזוי צו זאגען:

"גאט פון ישראל, איך בין אנטלא־פען אהער כדי איך זאל דיר קענען אומגעשטערט דינען, פאלגען דיינע געבאטען און הייליגען דיין נאמען; דו, אבער, טוסט אלעם אז איך זאל

- 43 -

אין דיר ניט גלויבען. קום אבער פאלט דיר איין אז דיר וועט געלינ־גען מיט דיאזיגע נסיונות מיר ארא־פצופיהרען פון ריכטיגען וועג, מעלדע איך דיר, גאט מיינער און גאט פון מיינע עלטערען, אז דיר וועט עס גאר ניט העלפען. מעגסטו מיר באליידי־גען, מעגסטו מיר שלאגען, מעגסטו אוועקנעמען פון מיר דאס טייערסטע און בעסטע וואס איך האב אויף דער וועלט, מעגסטו מיר צום טויט פיי־ניגען — איך וועל דיר וועל שטענדיג גלויבען. איך וועל דיר שטענדיג ליב האבען, שטענדיג — דיר אליין אוי־צולהכעים!

"און דאס זעלבען אויף מיינע לעצ־טע ווערטער צו דיר, מיין צארגיגער גאט: עס וועט דיר גארניט העלפען! דו האסט אלץ געטאן כדי איך זאל זיך אין דיר אנטוישען, כדי איך זאל אין דיר ניט גלויבען — איך שטארב

- 44 -

אבער, פונקט ווי איך האב געלעבט, אן אומדערשיטערליכער גלויבינער אין דיר.

"געלויבט זאל זיין ביז אייביג דער גאט פון די טויטע, דער גאט פון נקמה, פון אמת און פון דין, וואס וועט באלד ווידער באווייזען זיין פנים פאר דער וועלט און וועט צעטרייסלען איהרע יסודות מיט זיין אלמעכטיגען קול.

"שמע ישראל! ה' אלוקינו, ה' אחד!
"בידך ה' אפקיד רוחי".

- 37 -

דער שרעקליכער לאניק פון די אומ־
פארמיידליכע געשעהענישען אז זיי
זאלען זיך צום סוף אליין שלאנגען,
ווייל אין אונדזער טויט איז נעטוט
נעווארען דער נעוויסען פון דער
וועלט, ווייל א וועלט איז גענמארדעט
נעווארען אין'ם מארד פון ישראל

"די וועלט וועט זיך אויפפרעגען
אין איהר איינענער רשעות, זי וועט
דערטרונקען ווערען אין איהר איינע־
נער בלוט.

"די מערדער אליין האבען שוין
ארויסגעטראגען אן אורטייל איבער
זיך און זיי וועלען מעהר פון איהם
ניט אנטלויפען: טראג אבער דו ארויס
אן אורטייל, א דאפעלט שווערען, אי־
בער די יענינע וואס פארשווייגען דעם
מארד!

"איבער די יענינע וואס פאראור־
טיילען דעם מארד מיט זייערע מיי־
לער, אבער פרעהען זיך איבער איהם
אין זייערע הערצער.

- 38 -

"איבער די יענינע וואס קלערען זיך
אין זייערע טמא'הערצער: עס פאסט
טאקע ניט זאגען אז זיי איז שלעכט,
דער טירא'ן, אבער ער טוט אפ פאר
אונז א שטיקעל ארבייט פאר וואס
מיר וועלען איהם שטענדיג דאנקבאר
זיין.

"עס איז געשריבען אין דיין תורה
אז א גנב דארף שטרענגער בא־
שטראפט ווערען ווי א גזלן, טראץ
דעם וואס דער גזלן איבערפאלט ניט
פיווש זיין קרבן און פארקורט נאר
בארצעווען זיין איינענטום אין דער
שטיל.

"ווייל דער גזלן איבערפאלט זיין
קרבן אין מיטען העלען טאג און האט
אזוי פיל מורא פאר מענשען ווי ער
האט מורא פאר גאט.

"אבער דער גנב האט מורא פאר
מענשען אבער ניט פאר גאט, און
דערפאר איז זיין שטראף א גרעסערע
ווי דעם גזלן'ס.

- 39 -

"עס וואלט מיר ניט געארט ווען
צו די מערדער באציהסטו זיך צו
גזלנים, ווייל זייערע באציהונגע צו דיר
און צו אונז איז די זעלבע, און פון
זייערע מארד און פארברעכען מאכען
זיי קיין סוד ניט.

"אבער צו די פארשווייגער פון
מארד, צו די יענינע וואס האבען
פאר דיר נישט קיין מורא, און הא־
בען אבער מורא פאר דאס מענ־
שע וועלען זאגען, (נארראנים! זיי
ווייסען גארניט אז די מענשען וועלען
נארען זיי אויס
זייערע סימפאטיע צום זיך טרינקען־
דען און זיי אבער אפ זיי איהם
צו ראטעווען — זיי, א, באשוועד
איך דיר גאט, זיי זאלסטו באשטרא־
פען ווי ננבים!

"דער טויט קען מעהר ניט ווער־
טען און איך דארף ענדיגען מיין שריי־
בען. פון די אויבערשטע עטאזשען

- 40 -

איבער מיר ווערט דער פייער שווא־
כער מיט מינוט. עס פאלען איצונד די
לעצטע פארטיידינער פון דער דאזי־
גער פעסטונג און פון זיי פאלט און
שטארבט א נרויסע, די שעהנע, די
נאטסספארקטינע אידישע ווארשע. די
זון איז שוין ביים אונטערגעהן און
איך דאנק גאט וואס איך וועל איהר
מעהר ניט זעהן. א רויטקייט פון
שרפות שלאגט אריין דורך'ן פענס־
טער און דאס שטיקעל הימעל וואס
איך זעה איז רויט און צעלוואלעט
ווי א וואסערפאל פון בלוט. דעמסטנס
מיט א שעה ארום וועל איך זיין
מיט מיין פאמיליע און מיט מיליאנע
אנדערע אומנעקומענע פון מיין פאלק
אין יענער בעסערער וועלט וואו עס
זענען מעהר קיין צווייפלען ניטא און
וואו עס איז נאר דער איינציגער פיקא־
רער הערשער.

- 33 -

פײער: וואס נאך, א, וואס נאך דארף דײן פנים ווידער ענטפלעקען פאר דער וועלט?

„איך וויל דיר זאגען קלאהר און אפען, אז אצינד, מעהר ווי אין יעדער פריהערדיגער תקופה פון אונזער אומענדליכער יסורים וועג, האבען מיר, מיר די נעפיינינטע, די געשטעדטעט, די דערשטיקטע, די לעבעדיג באגראבענע און לעבעדיג פארברענטע. מיר די באלײדיגטע, די גענשפאטעטע, די אויסגעלאכטע, די אין מיליאנען אומגעבראכטע, דאס רעכט צו וויסען וואו לינען די גערעצען פון דײן גערולד?!

„און נאך עפעס וויל איך דיר זא־ גען: דו זאלסט די שטריק צופיל ניט אנציהען, ווײל זי קען נאך חלילה פלאצען. דער נסיון פון וועלכען דו האסט אונז אויעגעשטעלט, איז אזוי

- 34 -

שווער, אזוי אומדערטרעגליך שווער, אז דו דארפסט, דו מוסט פארגעבען די יענינע פון דײן פאלק וואס אין זײער אומגליק און צארן האבען זײ זיך אפגעקערט פון דיר.

„פארגיב די יענינע וואס האבען זיך אפגעקערט פון דיר אין זײער אומגליק, אבער אויך די יענינע פון דײן פאלק וואס האבען זיך אפגע־ קערט פון דיר אין זײער גליק. דו האסט פארוואנדעלט אונזער לעבען אין אזא אומנענדליך מאוים'דיגען קאמף, אז די פחדנים צווישען אונז האבען גענומען זוכען איהם אויסצו־ מײדעץ, דעם קאמף. פון איהם אנט־ לויפען וואו די אויגען טראגען. שלאג זײ ניט דערפאר: פחדנים שלאגט מען ניט, אויף פחדנים האט מען רחמנות. און אויף זײ מעהר ווי אויף אונז דערבארים דיר, גאט!

- 35 -

„פארגיב די יענינע וואס האבען דיין נאמען געלעסטערט, וואס זענען אנדערע געוועו דינעו ווי תמיד, ווייל זענען געווארען גלייכגילטיג לגבי דיר. דו האסט זיי אזוי פיל געשלאנען או זיי גלויבען ניט מעהר אז דו ביסט זייער טאטע, אז זיי האבען בכלל א טאטעו.

„און זאגען זאג איך דיר דאס, ווייל איך גלויב אין דיר, ווייל איך גלויב אין דיר מעהר ווי תמיד. ווייל אצינד ווייס איך אז דו ביסט מײן גאט, ווייל דו ביסט דאך ניט, ווייל דו קענסט דאך ניט זײן דער גאט פון די יענינע וועמעסם מעשים מיט זענען די גרויליגסטע דעמאנסטראציע פון קעמפענדער נאטאלאזינקייט.

„אויב דו ביסט ניט מײן גאט — וועמענס דען גאט ביסטו? דער גאט פון די מערדער?!

„אויב די וואס האסען מיר, וואס

- 36 -

מארדען מיר, זענען אזוי אזוי פינסטער, אזוי שלעכט. — וואס דען בין איך אויב ניט דער וואס רעפרעזענטירט מיט זיך עפעס פון דיין ליכט, פון דיין נוטסקייט?!

„איך קען דיר ניט לויבעו פאר די מעשים וואס דו טאלערירסט. איך בענש און לויב דיר אבער פאר דיין עצם עקסיסטענץ, פאר דיין שרעקלי־ כע גרויסקייט, וואס מוז אזוי גוואל־ דיג זיין, אז אפילו דאס, וואס פא־ סירט אצינד מאכט אויף דיר קיין אנטשיידענדינעו איינדרוק ניט!

„אבער דוקא ווייל דו ביסט אזוי גרויס און איך אזוי קליין. — בעט איך דיר, וואארען איך דיר, איז דיין נאמען וועגען: הער אויף צו אקצענ־ טירען דיין גרויסקייט דורכ'ן לאזען שלאנען די אומשולדינע!

„איך בעט דיר אויף ניט דו זאלסט שלאנען די שולדינע; עס לינט אין

- 29 -

און פאראייביגט געווארען דורכ'ן פאקט וואס זי איז אזוי פארשוועכט און געשענדעט געווארען דורך נאט'ס שונאים.

"איך גלויב אז זיין א איד איז אן אייננגעבוירענער טו־ג ע נ ד . מען ווערט געבוירען א איד פונקט ווי מען ווערט געבוירען א ק י נ ס ט ל ע ר . פון זיין אן איד קען מען זיך ניט באפרייען. דאס איז א נעטליכע איינגעשאפט און אונז וואס האט אונז געמאכט פאר אן אויסדערוועהלט פאלק. די וואס פאר־שטעהען דאס ניט וועלען קיינמאל ניט פארשטעהען דעם עבערען זין פון אונזער מארטירעלאגיע. "גישטא קיין גאנצערע זאך פון א צעבראכענע הארץ" — האט אמאל געזאגט א גרויסער רבי, און ס'איז ניטא קיין מעהר אויסדערוועהלט פאלק ווי א פערמאנענט געשלאגענעס. וועז איך

- 30 -

וואלט ניט געגלויבט אז נאט האט אונז אמאל באשטימט אלס אויסדער־וועהלט פאלק וואלט איך געגלויבט אז אונזערע צרות האבען אונז נ ע ־ מ א כ ט אויסדערוועהלט.

"איך גלויב ניט נאט פון ישראל אויב אפילו ער האט מען אלץ געטון אז איך זאל אין איהם ניט גלויבען. איך גלויב אין זיינע געזעצען אויב אפילו איך קען ניט מצדיק זיין זיינע מעשים. מיין באציהונג צו איהם איז מעהר ניט ווי פון א קנעכט צו זיין האר נאר ווי פון א תלמיד צום רבי'ן. איך בויג מיין קאפ פאר זיין גרויסקייט, אבער איך וועל נישט קושען די רוט מיט וועלכע ער שלאגט מיר. איך האב איהם ליב, אבער זיין תורה האב איך ליבער, און ווען איך וואלט זיך אפילו אין איהם אנטוישט וואלט איך זיין תורה געהאט. גאט הייסט רעליגיע, אבער זיין תורה הייסט — א לעבענס

- 31 -

שטייגער, און וואס מעהר מיר שטאר־בען פאר'ן דאזיגען לעבענס שטייגער אלץ מעהר אומשטערבליך ווערט ער.

"און דערפאר דערלויב מיר, גאט, פאר'ן טויט, ווייטערדיג אבסאלוט בא־פרייט פון יעדען סימן פון שרעק, נעפענענדיג זיך אין א לאנע פון אב־סאלוטער אינערליכער רו און זיכער־קייט, זיך אויס'טענה'נען מיט דיר, צום לעצטען מאל אין מיין לעבען.

"דו זאגסט אז מיר האבען עזות דינגן? — אודאי איז עס אזוי; אז דערפאר ווערען מיר באשטראפט? אויך דאס קען איך פארשטעהן; איך וויל אבער אז דו זאלסט מיר זאגען צי זיעדעם איז דער וועלט וואס זאל אויף אונז ווערט זאל זיין די שטראף, ווי אויך וואס מיר האבען באקומען?

- 32 -

"דו זאגסט אז דו וועסט נאר אונ־זערע שונאים באצאהלען? — איך בין איבערצייגט אין דעם, אז דו וועסט זיי באצאהלען אהן רחמנות, אויך אין דעם צווייפעל איך ניט. — איך וויל אבער אז דו זאלסט מיר זאגען צי עס איז דער וועלט וואס זאל אויף אימשטאנד זיין צו מאכען פארגרעבען דעם פארברעכען וואס איז נעגען אונז באגאנ־געך געווארען?

"דו זאגסט אפשר אז אצינד איז עס ניט קיין פראגע פון זינד און שטראף, נאר ס'איז א צושטאנד פון "הסתר פנים", און וועלכען דו האסט מפקיר געווען די מענשען צו זייערע יצרים? — וויל איך דיר פרע־גען, גאט, און די דאזיגע פראגע ברענע אין מיר ווי א פארצערענדער

רען". די דאזיגע שפאסענדע איראָ**ניע שרייט אראָפ איבערהויפט** פון פנימל פון דאס קליין אינגעלע, וואס לינט ווי א שלאפעדינער לעבען מיין רעכטער האנט. זיין קליין מיילכעלע איז שמייכלענדיג פארצויגען פונקט ווי ער וואלט געלאכט. און מיר. וועלכער לעבט נאך און פיהל נאך און דענק נאך ווי א בשר ודם. מיר דוכט זיך אז ער לאכט פון מיר, ער לאכט פון מיר מיט יענעם שטילען אבער פילזאגענדען דורכדרינגענדען לאכען וואס איז אזוי סימפטאמאטיש פאר מענשען וועלכע ווייסען א סך. ווען זיי רעדען וועגען נארישע מיט אזעלכע וועלכע ווייסען נ אָ ר נ י ט און מיינען, אז זיי ווייסן א ס ך. ער ווייס שוין א ס ך אצינד, דאָס אינ־ געלע. איהם איז שוין אלץ קלאהר. ער ווייס אפילו פארוואס איז ער גע־ בוירען געוואָרען אויב ער האט גע־

דארפט אזוי שנעל שטארבען און פאר־ וואס איז ער געשטארבען אינדער־ צייט וואס ער איז ערשט מיט פינף יאהר צוריק געבוירען געווארען. און אויב אפילו ער ווייס עס ניט, ווייס ער ווענינסטענס אין דעם אבסאלום ניט וויסענן וועגען דעם איז אבסאלום אומוויכטיג און אומאינטערעסאנט ביים ליכט פון אנטפלעקונג אין דער גע־ טליכער הערליכקייט וואו ער יענער בעשט־ רער וועלט וואו ער געפינט זיך אצינד, אפשר אין די ארעמס פון זיינע גע־ מארדעטע עלטערען, צו וועמען ער איז צוריקגעקומען. אין א שעה־צוויי ארום וועל איך עם אויף ווייסען. אויב מיין פנים וועט ניט פארערערט ווערן פון'ם פייער וועט אפשר אן ענגליכער שמייכעל רוהען אויף מיין נעזיכט נאך מיין טויט. דערוויילע אָבער לעב איך נאך, און צו מיין גאָט, פאר מיין טויט, וויל איך ריידען ווי א לעבעדי־

- 27 -

נער, ווי א פשוט'ער, לעבעדינער מענש, וואס האט געהאט דעם גרוי־ סען אבער אומגליקליכען כבוד צו זיין א איד.

"איך בין שטאלץ וואס איך בין א איד ניט צו ט ר א ץ דער באציהונג פון דער וועלט צו אונז, נאר דוקא צ ו ל י ב דעראיינער באציהונג. איך וואלט מיר נעשעמט צו זיין אן אנגעהעריגער צו יענע פעלקער, וואס האבען געבוירען און דערצויגען יע־ נע רשעים וואס זענען פאראנטוואָרט־ ליך פאר די מעשים וואס ווערען אפּ־ געטון געגען אונז.

"איך בין שטאלץ מיט מיין א איד, ווייל עס איז א ק ו ב ס ט צו זיין א איד. ווייל צו זיין א איד איז שווער. עס איז נוט קיין קונסט צו זיין אן ענגלענדער, אן אמעריקאנער אָדער א פראנצויז. ס'איז אפשר לייכטער און באקווועמער צו זיין איי־

- 28 -

נער פון זיי. אבער בשום אופן ניט — בכבוד'נער. יא, ס'איז א כבוד צו זיין א איד!

"איך גלויב אז זיין א איד הייסט זיין א קעמפער, אן אייביגער שווימער געגען א שטראם. פארברעכערישען מענשליכען שטראם. דער איד איז א העלד, א מארטירער, א היילינער. איר זאגט, שונאים. אז מיר זענען בעסער און פיינער פון אייך, נאר ווען מיר וואָל־ טען אפילו געוועלט ווערען פון אייך, — וואלט איך געוואלט זעהן ווי איהר וואלט אויסגעזעהן אויף אונזער פּלאץ.

"איך בין געשטאלצט צו געהערען צו דאס אומגליקליכסטע פון אלע פעל־ קער אויף דער וועלט. וועמענס תורה רעפרעזענטירט מיט זיך דאס עכס־ טע און שעהנסטע פון אלע געוויסען און מאראלען. די דאזיגע תורה און־ זערע איז אצינד נאכמעהר געהיילינט

— 21 —

„דריי פלעשלאך בענזין געפינען זיך נאך אין מיין רשות, און מויער זענען זיי מיר ווי וויין שכור. נאר דעם ווי איך וועל אויסלייריגען איין פלעשעל אויף וועל איך אין'ם לוידינגען פלעשעל אריינטון דעם פאפיר אויף וועלכען איך שרייב די־ זאיגע שורות און באהאלטען דאס פלעשעל צווישען דעם צינגעל פון דעם האלב פארצמויערט פענסטערל פון דא־ זיגען צימער. אויב איינער וועט עס אמאל געפינען און עס לייענען, וועט ער אפשר פארשטעהן, איינער פון מיליאנען, פון א אידען, וואס איז געשטארבען א פארלאזענער פון גאט און וועמען ער גלויבט אזוי שטארק. די צוויי אנדערע פלעשער וועל איך לאזען עקספלאדירען אויף די קעפ פון די רשעים ווען מיינע לעצ־ טע מינוטען וועלען קומען.

„צוועלף מענשען זענען מיר נע־

— 22 —

ווען איז דאזינען צימער ביים אנפאנג פון אויפשטאנד און נייון טעג האבען מיר נעקעמפט געגען זייער שונא. אלע עלף חברים מיינע זענען געפאלען, גע־ שטארבען העלדיש שטיל. אפילו דאס קליין אינגעלע, וואס נאר איין נאט ווייסט ווי אזוי ער קומט אהער, ארום פינף יאהר אלט, וואס לינט אצינד אין א טוי־ טער לעבען מיר און אויף זיין שעה'ה פנימ'ל איז פארצויגען א שמייכעלע פון יענעם סארט וואס דערשיינט אויף קינדערשע פנימ'ר ווען זיי טרוי־ מען איז רוה. — אפילו דאס קליין אינגעלע איז געשטארבען מיט דער זעלבער עפיש'ער רוה ווי זיינע עלט־ ערע חברים. היינט פריה איז עס גע־ ווען. די מערסטע פון אונז האבען שוין מעהר ניט געלעבט. דאס אינגע־ לע האט אהרויפגעקלעטערט אויפ'ן בערגעל טויטע אום צו קאפען א בליק אין דרויסען דורכ'ן האלב פארמוי־

— 23 —

ערט פענסטערל. איינינע מינוטען איז ער אזוי געשטאנען לעבען מיר און פלוצלונג איז ער געפאלען אויף חינ־ טען. זיך ארא פנגעווארפעלט פון די קערפערס פון די געפאלענע און איז לינען געבליבען ווי א שטיין. אויף זיין קליין בלייכען שטערן, צווישען זיי באוויזען א בלוט פלעק; א קויל אין קאפ. ביז נעכטען איז דערפרי, ווען דער שונא האט מיט זון אויפמאנג נעעפענט א קאנצענטרירטען פייער געגען אונזער לעצטען פעסטונג, איי־ נע פון די לעצטע אין געטא, האבען נאך געלעבט, אויב אפילו פינף זענען דא־ ליוף געוועזן פארוואונדעט און האלב לויט דאך ווייטער נעקעמפט. איז פאר־ לויף פון נעכטינען און הייטטינען טאג זענען זיי אלע נעפאלען, איינער נאכ'ן אנדערען, איינער אויפ'ן אנדערען זע־ נען זיי געפאלען, שטעהענדיג אויף

— 24 —

דער ואר און שיסענדיג ביז זיי זע־ נען דערשאסען נעוואר ען.

אויסער די דריי פלעשעלאך בענזין האב איך מעהר קיין אמוניציע ניט. פון די דריי אויבערשטע עטאזשען איבער מיר ווערט נאך העפטיג גע־ שאסען זיי קענען עס אבער מעהר קיין הילף נישט שיקען ווייל לויט אלע סימנים זענען די טרעפ חרוב געוואר־ ען דורכ'ן קאנאנען פייער און איך גלויב אז דאס הויז האלט ביים קרא־ כען אונטער זיך. איך לינ און שרייב ערד און ארום מיר — מיינע טויטע חברים. מיינע טויטע חברים. און מיר דוכט זיך אז אין א רוהיגען אבער שפאסענדער אירא'ניג לינט אויף נע־ אויסגעגאסען, פונקט ווי זיי וואלטען מיר געזאגט: „האב געדולד אביסעל, דו נארישער מענש, נאר א פאר מינוט און און דיר וועט דיך אלץ קלאהר ווע־

מיר קיינמאָל ניט פאַרגעשטעלט אַז
דער טויט פון מענשען, אויך אפילו
פון שונאים און אפילו פון אזעלכע
שונאים, וועט מיר קענען אזוי פרע־
הען. מעגען נאַרישע הומאַניסטען זאָ־
גען וואָס זיי ווילען, נקמה איז נע־
ווענע, און וועט שטענדיג בלייבען.
דער לעצטער קאמפס מיטעל און די
נערעקסטע צעעלישע באפרידיגונג פון די
אונטערדריקטע. ביז איצינד האָב איך
קיינמאָל גענוי ניט פאַרשטאַנען יע־
נעם אויסדרוק אין גמרא וואָס זאָגט
אַז "נקמה איז הייליק ווייל זי איז
דערמאַנט צווישען צוויי מאָל גאָט,
ווי עס איז געשריבען: אל נקמות ה׳.
אַצינד פאַרשטעה איך עס. אַצינד
פיהל איך אַז איצינד ווייס איך
פאַרוואָס פרעהט מיר אַזוי דאָס האַרץ
ווען איך דערמאַן זיך אַז שוין יאָהר
טויזענטער ווי מיר רופען אונזער גאָט
— גאָט פון נקמה, אל נקמות אדוני.

"און איצינד ווען איך בין בכוח
צו זעהן דאָס לעבען און די וועלט
פון א באוונדערס קלאָרהער פער־
פעקטיוו, וואָס ווערט נאָר אין אַנט־
טענע געלעגענהייטען געשאַנקען אַ מענ־
שען פאַר'ן טויט — דוכט זיך מיר,
אַז דער מאָרדער, כאַראַקטעריסטישער
אונטערשייד צווישען אונזער גאָט און
דעם גאָט און וועלכען עס גלויבען די
פעלקער פון אייראָפע איז דער וואָס
אין דער צייט, ווען אונזער גאָט איז
אַ גאָט פון נקמה און די תורה אונ־
זערע איז פול מיט טויט דערהונקען
פאַר די קלעגסטע עברות — ווערט
דערצעהלט אין דער גמרא אַז עס אין
געווען געווען, אַז די סנהדרין, דער
העכסטער גריכט פון אונזער פאָלק
ווען ער אין פריי געווען אין זיין
לאַנד, זאָל איין מאָל אין זיבעציג יאָהר
פאַר'משפט'ט אַ מענשען צום טויט,
אַז מען זאָל די ריכטער אָנרופען:

— 19 —

מערדער! — דער גאָט פון פעלקער,
אָבער, וועלכער ווערט אָנגערופען:
גאָט פון ליבע, האָט אָנגעזאָגט זעהר
ליב צו האָבען יעדען נברא בצלם, אָבער
אין זיין נאָמען מאָרדעט מען אונז
אָהן רחמנות טאָג און טאָג אויס,
שוין באַלד צוויי טויזענט יאָהר.

"יאָ, איך האָב גערעדט וועגען
נ ק מ ה. מיר האָבען נאָר אין
ווינינע געלעגענהייטען געקאַנט זעהן
אמת'ע נקמה. אָבער ווען מיר האָבען
עס געזעהן איז עס געווען אזוי גוט
און אזוי וואויל צו זעהן, אַז איך האָב
געפיהלטט אַזאַ טיפע באפרידיגונג.
אַזאַ נושאלדינגען גליק. אַז מיר האָט זיך
גערוכט עפעס אַ גאַנץ נייער לע־
בען האָט זיך אָנגעהויבען פאַר מיר.
אַ מאָנג האָט זיך פלוצלונג אַריינגע־
ריסען אין אונזערן גאַס און אין
באשאַסען נעוואָרען פון אַלע באַפעל־
טיגטע הייזער אַרום מיט ברענענדע

— 20 —

בענזין פלעשלאַך, זיי האָבען אָבער
נישט געטראַפען וואו מען דאַרף און
דער טאַנק האָט פאַרגעזעצט זיין וועג.
איך און מיינע חברים אַרום מיר הא־
בען אָפגעוואַרט ביז דער טאַנק איז
פאַרבייגעפאָהרען ממש אונטער אונ־
זער נאָז און דאן האָבען מיר אויהם
דורכ'ן האַלב פאַרמויערט פענסטערל
מיטטאַמאל אַטאַקירט. דער טאַנק איז
באַלד געווען אין פלאַמען און צעפס
ברענענדע נאַצים זענען פון אוהם
אַרויסגעפאָלען. אך, האָבען זיי נע־
ברענע! זיי האָבען געברענט פאַרברענט,
און אידען געשריען האָבען זיי מעהר פון
זיי. די אידען שרייען ניט. זיי נעמען
דעם טויט ווי א דערלייזונג, די
וואַרשעווער נעסט שטאַרקט אין
קאַמף. זי שטאַרבט שימפענדיג, קעמ־
פענדיג. ברענענדיג, אָבער — ניין,
ניט שרייענדיג!

— 13 —

נאט מיט התלהבות און מיין איינצי-
גע ביטע צו איהם איז געווועזן אז
ער זאל מיר לאזען איהם צו דינען
"בכל לבבך, בכל נפשך ובכל מאדך"
איך קען ניט זאגען אז נאך דעם אלעס
וואס איך האב מיטגעלעבט האט זיך
ניט געענדערט מיין באציהונג צו נאט.
איך קאן אבער יא זאגען מיט אבסא-
לוטער זיכערקייט אז מיין ג ל ו י-
ב ע ן אין איהם האט זיך ניט גע-
ענדערט אויף א האר. פריהער, ווען
מיר איז גוט געוועזן, איז מיין באצי-
הונג צו איהם געוועזן איינע צו איינע
וואס האלט מיר אין טהון חסד —
הגם איך בלייב איהם דערפאר, שטע-
דיג שולדיג, אצינד איז מיין באצי-
הונג צו איהם ווי אז איינע וואס איז
אויך מיר עפעס שולדיג, און א ס ך
שולדיג. און ווייל איך פיהל אז ער
איז מיר אויך שולדיג, דערפאר האלט
איך אז דאס האב רעכט איהם צו

— 14 —

מ א נ ע ן. איך זאג אבער ניט ווי
איוב אז נאט זאל אנצייגען מיט'ן פינ-
גער אויף מיין זינד, כדי איך זאל וויי-
סען פארווואס מיר קומט עס. ווייל
גערעסט און בעסערע פון מיר זענען
געפעט איבערגערעסט, אז אצינד איז
עס ניט קיין פראגע פון שטראף פאר
חטאים, נאר עפעס וואס די יענינע דערפעם
קומט פאר אויף דער וועלט. נעמליך:
עם איז א צייט פון הסתרת פנים.
נאט האט פארשטעלט זיין פנים
פון דער וועלט און האט, אזוי ארום,
מקריב געוועזן צו מענטשען די זייערע
ווילדע יצרים. דערפאר האלט איך אז
עס איז ליידער נאר נאטירליך דאס
ווען די סטיכיע פון יצרים באהערשט
די וועלט מוזען די יענינע וואס רע
פערזענטירען מיט די יענינע גאטליכע
און ריינע זיין די ערשטע קרבנות.
פערזענליך איז עס אפשר ניט קיין
טרייסט נאר אזוי ווי דער גורל פון

— 15 —

אונזער פאלק ווערט ניט דעצידירט
דורך ערדיש מאטעריעלע און פיזי-
שע אויסרעכענונגען נאר דורך אי-
בערערדישע גייסטיגע און נעטליכע,
דארף דער מאמינ'ע זעהן אין די דאזי-
גע געשעהענישען א טייל פון א גרוי-
סען געטליכען חשבון, וועמענ'ס וועלכן ניט
מענשליכע טראגעדיעס צעהלען ניט
פיל. דאס הייסט אבער ניט אז די
פרומע פון מיין פאלק דארפען מצדיק
את הדין זיין און זאגען אז נאט און
זיין משפט זענען גערעכט. — איך
גלויב אז זאגען אז מיר זענען גערעכט
די קלעפ וואס מיר באקומען
הייסט לעשטערן זיך, מחלל זיין דעם
שם המפורש: איד. און
מחלל דעם שם המפורש:
נאט, ווערט געלעשטערט דורכ'ן
לעשטערן זיך.

"אין א צושטאנד אזא דערווארט
איד, קאטיג'ליד, ניט קיין נסים. און

— 16 —

איך בעט איהם ניט, מיין נאט, אז ער
זאל אויף מיר רחמנות האבען. זאל
ער זיך באציהען צו מיר מיט דער
זעלבער הסתר־פנים'דיגער גלייכגיל-
טיגקייט ווי ער האט זיך באצויגען צו
מיליאנען פון מיין פאלק. איך בין ניט
קיין יוצא מן הכלל און איך דערווארט
ניט צו מיר א באזונדערע באציהונג.
איך וועל מעהר צו פארבערגען מיך
צו ראטעווען און איך וועל פון דא-
נען מעהר ניט אנטלויפען. איך וועל
לייכטער מאכען דעם פייער זיין אר-
בייט דורך דעם וואס איך וועל ליכט
מאכען מיינע בנדים מיט בענזין.
דריי פלעשעלאך בענזין געפינען זיך
נאך אין מיין רשות, נאך דעם ווי איך
האב אויסגעגאסען א פאר צענדלינג
אנדערע אויף די קעפ פון די מער-
דער. דאס איז געוועזן א גרויסער מא-
מענט אין מיין לעבען און איך האב
שטורמיש געלאכט דערביי. איך האב

האלב פארהונגערטע, וואס האט אמאל געזאגט צו א צווייטן: אך, ווי גוט מיר וואלט געווען, ווען איך וואלט געקענט שטארבען נאכדעם ווי איך וואלט איינמאל אפגענעסן ווי א מענש!"

"רחל'ע האט מיר ניט דערצעהלט פון איהר פלאן ארויסצו'גנב'ענען פון טאטע, — א פארברעכען, פאר וואס מען האט באשטראפט מיט טויט, און צוזאמען מיט א חבר'טע איהרע, א מיידעלע אין איהר עלטער, האט זי זיך געלאזט אויפ'ן געפעהר־ליכען וועג. אין דער נאכט פינפטער־ניש איז זי אוועק פון דער היים און מיט זון אויפגאנג איז זי מיט איהר חבר'טע באמארק געווארען אויף סערהאלק די געטא טויערן. נאצישע געטא שומרים צוזאמען מיט צעהנד־לינגער פוילישע מיטהעלפער האבען באלד אנגעהויבען א נייענג נאך די

אידישע קינדער וואס האבען געוואגט צו זוכען שטיקלעך ברויט אין א מיטסטאטסשטעטל כדי ניט אויסגעהן א פון הונגער. מענשען וואס האבען דעם רצון'ניע געוען ביינעוואוונען די הא־בען ניט געגלויבט וואס זייערע אויגען זעהען. אפילו אין געטא אם עם גע־ווען א נייעס. מען האט נעקטעט מוי־נען אז דא יענט מען זיך נאך אנטלא־פענע געפעהרליכע פארברעכער. צעהנדלינגע רשעים געטאשטע האבען זיך געלאזט און אז "אמאק" געלויף נאך צווי צעהן יאהריגע פארהונגערטע קינדער וואס האבען לאנג ניט אויסגענאסאל־טען די פארמעטונג און איינע פון זיי, א נייעם קינד, איז אויסלויפעדיג איהרע לעצטע כוחות געפאלען א ער־שעפטעט אויף דער ערד און די נאציס האבען איהר דאן דורכגעשטאכען איהר קאפ. די אנדערע האט זיך גע־ראטעוועט פון זייערע הענט, אבער

צוויי וואכען שפעטער איז זי נע־שטארבען א נעטריבענע פון זינען. דאם פינפטע קינד, יעקב, א אייגגעל פון דרייצעהן יאהר, איז אין'ם טאג פון זיין בר־מצוה געשטארבען פון טובערקולאז, און זיין טויט איז געווען א דערליייזונג פאר איהם. דאם לעצטע קינד, מיין פופצעהן יאהרדיקע טעכטער'ל חוה, איז אומגעקומען אין א קינדער אקציע וואם האט זיך אנגעהויבען מיט זון אויפנאנג דעם לעצטען ראש השנה און זיין נענענדיגן טאג זון אונטערגאנג. יענעם טאג, נאך דער שקיעה, האבען הונדערטער אידישע משפחות פארלוירען זיערע קינדער.

איצינד איז מיין שעה געקומען און ווי אזוי קען איך זאנען אויף זיך, — און איך בין ניט דער איינציגער וואם קען עם זאנען — אז א נאקעטער קער זיך אום צו דער ערד, א נאקע־טער ווי ביים טאג פון געבירען. דריי

און פערציג יאהר יאהר בין איך אלט און ווען איך קוק אצינד צוריק אויף די פארנאנגענע יאהרען קען מען קאנ־סטאטירען מיט זיכערקייט, אויף ווי־פעל א מענש קען זיין זיכער מיט זיך, אז איך האב געלעבט אן ערליך לע־בען און מיין הארץ איז געווען פול מיט ליבע צו גאט. איך האב געוואוען געבענעסט אמאל מיט הצלחה אין מיין לעבען, אבער איך האב מיר ניט דער הצלחה קיינמאל ניט אויבערגענומען, און פארמעגען ניט געוואונען און, לויט דער עצה פון מיין רבי'ן. האב איך מיין פארמעגען מפקיר גע־ווען, כדי אז אויב א איינער וועט נכשל ווערען אין מיין זאל אם עם גיסען אזוי ווי די האט גענאסען פון הפקר. איך האב געהאט אן אפנן הויז פאר יע־דען א בארערפטיגען און איך בין גליק־ליך געווען ווען איך האב געקענט טו מענשען א טובה. איך האב גערינט

— 5 —

שאנדע: איך האב מיר געשעהמט פאר'ן הונט וואס איך בין ניט קיין הונט נאר א מענש. אזוי איז עס און צו אזא גייטס צושטאנד זענען מיר רעגונגענען: דאם לעבען איז אן אומ־גליק, דער טויט — א דערלייזער, דער מענש אן אנשיקעניש, די חיה — אן אידעאל, דער טאג — א גרויל, די נאכט — א נעעזונג.

"מיליאנען מענשען אויף דער ווי־סטער, גרויסער וועלט, פארליבטע אין טאג, אין זון און אין ליכט ווייסען גארנישט, האבען נאר קיין אהנונג ניט, וויפיל פינסטערניש און אומגליק זי האט אונז געברראכט. זי איז פארוואנ־דעלט געוווארען אין די רשעים און זיי האבען זיך באנוצט מיט איהר ווי מיט א פאראשעקאטער כדי צו אנטדעקען די טריט פון זיי אונטעלויפעדע, ווען איך האב מיט מיין פרוי מיינע קינדער — זעקס איז געווען זייער

— 6 —

צאהל — זיך אין וועלדער באהאלטען האט די נאכט, נאר די נאכט, אונז באהאלטען אין איהר בוזים: דער טאג האט אונז אויסגעליפערט צו די זו־כערם פון אונזערע נשמות. זי וועל איך דען פארגעסען דעם טאג פון יענעם רייטישען פייער פאנאל אויף וועט־ענטער פליטים וואוה מ'ט וואהרשע אויף פון דער זון ענעס אויפענגאנגען די ערפאלינען וויא אין משך פון א גאנ־צען טאג האבען זיי אומאויפהערליך געמארדערט, און דער דאזיגער לופט־שחיטה זענען אומגעקומען מיין פרוי מיט אן עופ'עלע פון זיבען מאנאט אויף אן איהרע ארעמס, און צוויי אנ־דערע פון מיינע געליבטע קינדער זענען אין יענעם טאג שפור־לאז פארשוואונדען. דוד און יהודה האבען זיי געהייסען. איינער פיר, דער אנדערער צעקס יאהר אלט. מיט זון

— 7 —

אונטערגאנג האבען די וועניגע לעבען געבליבענע ווייטער פארזעצט זייער ווענ אין דער ריכטונג פון ווארשע און איך מיט מיינע דריי געבליבענע קינ־דער האבען זיך צוועגעלאזט איבער די וועלדער און פעלדער ארום דעם שחיטה פלאץ צו זוכען די קינדער. "דוד!" — "יהודה!" — האבען אין משך פון גאנצער נאכט געשריע'ן געשרייען ווי מיט מעארים די טויט שטילקייט ארום, און א וואלד עכא, א הילפסלאזער, א רחמנות'די־גער און הארצרייסענדער, האט גע־ענטפערט אויף אונזערע געשרייען מיט א טאן פון יאמערדיגען הספד. איך האב מיינע צוויי קינדער מעהר קיינמאל ניט געזעהן און אין חלום האט מען מיר נעהויסען זיך מעהר ניט מאכען פאר זיי קיין זארגען ווייל זיי געפינען זיך אין די הענט פון רבונו של עולם. די אנדערע דריי קינ־

— 8 —

דער מיינע זענען אומגעקומען אין משך פון א יאהר אין ווארשעווער געטא. רחל'ע, מיין טאכטערל, צעה יאהר אלט, האט געהערט א אינ'ם צווייטען זייט פון געטא וואונט קען מען געפינען שטיקלאך ברויט. די נע־טא האט דאן געהונגערט און הונ־גער געשטארבענע האבען זיך נעוואל־גערט ווי שמאטעס אין די גאסען. אין געטא זענען מענשען באריט געווען צו שטארבען יעדען טויט אבער ניט קיין הונגער טויט. דאם איז וואהר־שיינליך דערפאר, וואס אין דער צייט ווען אלע גייסטיגע פארלאנגען פון א מענשען קענען דורך סיסטעמאטי־שען פארפאלגען אפגעלעונט ווערען. — איז דער וויליגן צום עסען דער איינציגער וואם בלייבט דעם טויט ווען מען ווינשט זיך אפילו דעם טויט. מען האט מיר דערצעהלט וועגען א אידען, א

- 1 -

אין איינער פון די חורבות פון וואַרשעווער געטאָ, צווישען הויפענס פון פאַרסמאַליעטע שטיינער און מענשליכע ביינער, איז געפונען גע- וואָרען, פאַרשטעקט אין פאַרלענג- ערטער אין א קליין פלעשעל, דער פאַלגנ- דער טעסטאַמענט, געשריבען פון א אידען מיט'ן נאָמען יאָסל ראַקאָווער אין די לעצטע שעה'ן פון וואַרשעווער געטאָ.

„וואַרשע, דעם 28-טען אפריל 1943.

איך, יאָסל דער זוהן פון דוד רא- קאָווער פון טאַרנאָפּאָל, א חסיד פון גערער רבין און אָפשטאמינער פון די צדיקים, גדולים און קדושים פון די משפחות ראַקאָווער און מייזלס, שרייב די דאָזיגע שורות ווען די הייַ- זער פון וואַרשעווער געטאָ זענען אין פלאמען און דאָס הויז וואו איך גע- פין זיך איז איינס פון די לעצטע

- 2 -

וועלכע ברענען נאָך ניט. שוין א פאַר שעה ווי א באָזונדערס שטאַרקער אַר- טילעריע פייער איז גערישטעט קעגען אונז, און די וואַנט אַרום מיר ווערען שנעל צערניושעט און צעברעקעלט פון דעם קאַנצענצענטרירטען פייער. עס וועט לאַנג ניט דויערן און אויך דאָס הויז וואו איך הויז זיך וועט זיך פאַר- וואנדלעט ווערען, ווי כמעט אַלע אַנ- דערע הייזער פון געטאָ, איז א קבר פאר אירהע באַשיצער און באַוואוי- נער. לויט די שפריינג - שפריצינג, באַ- זונדערם רויטע, זונען שטראָהלען וואָס דרינגען אריין דורך דעם קליינעם האַלב פאַרמוירטען פענסטערל פון מיין צימער, דורך וועלכען מיר הא- בען אין משך פון טעג און נעכט גע- שאָסען דעם שונא, פאַרשטעה איך אז עם דארף שוין זיין אַצינד אָוונט, ערב שקיעה, די זון וויים גאָרנישט, וואהרשייננליך, ווי ווינציג איך וועל

- 3 -

באַרויערען וואָס איך וועל איהר מעהר ניט זעהן. עפעס מאָדנע האָט פאַ- סירט מיט אונז: ס'האָבען זיך נעענ- דערט אַלע אונזערע באַגריפען און געפיהלען. דער טויט, דער שנעלער, דער מאָמענטאַנער, קומט אונז פאַר ווי א דערלייזער, ווי א באפרייער, ווי א קייטען - רייסענדער; חיות איז וואלד, קומען מיר פאַר אזוי ליב און טייער, אז איך פיהל א טיפען וויעה- טאָג ווען איך טראכט אז מען פאַרגלייכט די רשעים, וואָס באהערשען אייראָפע צו חיות. עס איז ניט אמת אז הוט- לער האָט עפעס מחיה'שעס אין זיך. ער איז, לויט מיין טיפער איבערצייַ- גונג, א טיפיש קינד פון דער מאָדער- נער מענשהייט. די מענשהייט אַלס גאנצע האָט איהם געבוירען און דער- ציינען און ער איז דער אָפענהאַרצינ- סטער אויסדריקער פון איהרע אינער- ליכע, טיף פאַרבאָרגענע וואונשען. אין

- 4 -

א וואלד, וואו איך האָב מיר באהאַל- טען, האָב איך געטראָפען ביינאַכט א הונט, א קראַנקען, א פאַרהונגערטען, אפשר אויך א ניט נאָרמאַלען, מיט'ן עק צווישען די פיס. ביידע האָבען מיר באלד דערפיהלט די געמיינזאַמקייט, אויב אפילו ניט עהנליכקייט פון אונ- זער לאַגע, ווייל די לאַנע פון די הינט איז דאָך ניט דער ערך א בעסערע פון אונזערע. ער האָט זיך צוגעטוליעט צו מיר, איינגענגראבען זיין קאָפ אין מיין שוים און געלעקט מיינע הענט. איך ווייס ניט צי איך האָב וועגן עם אזוי געוויינט ווי אין יענער נאַכט. איך בין געפאלען אויף זיין קיינדל און זיך צעיאַמערט ווי א קינד. אז איך זאָג זאָגען איך האָב דאן מקנא געווען די חיות וועט עם קיין וואונדער ניט זיין; דאָס וואָס איך האָב דאן געפיהל, איז אבער געווען מעהר פון קנאה, ס'איז געווען

"EL DIARIO ISRAELITA" — Miércoles 25 de Setiembre 1946

„די אידישע צייטונג" — מיטװאָך 25-טן סעפּטעמבער 1946

יאָסל ראָקאָװערס װענדונג צו גאָט

(דערצעהלונג)

ספּעציעל פֿאַר „די אידישע צייטונג"

פֿון צבי קאַליץ

COLEÇÃO ELOS

1. *Estrutura e Problemas da Obra Literária*, Anatol Rosenfeld.
2. *O Prazer do Texto*, Roland Barthes.
3. *Mistificações Literárias: "Os Protocolos dos Sábios de Sião"*, Anatol Rosenfeld.
4. *Poder, Sexo e Letras na República Velha*, Sergio Miceli.
5. *Do Grotesco e do Sublime*, Victor Hugo.
6. *Ruptura dos Gêneros na Literatura Latino-Americana*, Haroldo de Campos.
7. *Claude Lévi-Strauss ou o Novo Festim de Esopo*, Octavio Paz.
8. *Comércio e Relações Internacionais*, Celso Lafer.
9. *Guia Histórico da Literatura Hebraica*, J. Guinsburg.
10. *O Cenário no Avesso*, Sábato Magaldi.
11. *O Pequeno Exército Paulista*, Dalmo De Abreu Dallari.
12. *Projeções: Rússia/Brasil/Itália*, Boris Schnaiderman.
13. *Marcel Duchamp ou o Castelo da Pureza*, Octavio Paz.
14. *Mitos Amazônicos da Tartaruga*, Charles Frederik Hartt.
15. *Galut*, Itzack Baer.
16. *Lenin: Capitalismo de Estado e Burocracia*, Leôncio M. Rodrigues e Ottaviano de Fiore.
17. *Círculo Lingüístico de Praga*, J. Guinsburg (Org.).
18. *O Texto Estranho*, Lucrécia D'Aléssio Ferrara.
19. *O Desencantamento do Mundo*, Pierre Bourdieu.
20. *Teorias da Administração de Empresas*, Carlos Daniel Coradi.

21. *Duas Leituras Semióticas*, Eduardo Peñuela Cañizal.
22. *Em Busca das Linguagens Perdidas*, Anita Salmoni.
23. *A Linguagem de Beckett*, Célia Berrettini.
24. *Política e Jornalismo: Em Busca da Liberdade*, José Eduardo Faria.
25. *A Idéia do Teatro*, José Ortega y Gasset.
26. *Oswald Canibal*, Benedito Nunes.
27. *Mário de Andrade/Borges*, Emir R. Monegal.
28. *Poética e Estruturalismo em Israel*, Ziva Ben-Porat e Benjamin Hrushovski.
29. *A Prosa Vanguardista na Literatura Brasileira: Oswald de Andrade*, Kenneth D. Jackson.
30. *Estruturalismo: Russos X Franceses*, N. I. Balachóv.
31. *O Problema Ocupacional: Implicações Regionais e Urbanas*, Anita Kon.
32. *Relações Literárias e Culturais entre Rússia e Brasil*, Leonid A. Shur.
33. *Jornalismo e Participação*, José Eduardo Faria.
34. *A Arte Poética*, Nicolas Boileau-Déspreaux.
35. *O Romance Experimental e o Naturalismo no Teatro*, Émile Zola.
36. *Duas Farsas: O Embrião do Teatro de Molière*, Célia Berrettini.
37. *A Propósito da Literariedade*, Inês Oseki-Dépré.
38. *Ensaios sobre a Liberdade*, Celso Lafer.
39. *Leão Tolstói*, Máximo Gorki.
40. *Administração de Empresas: O Comportamento Humano*, Carlos Daniel Coradi.
41. *O Direito da Criança ao Respeito*, Janusz Korczak.
42. *O Mito*, K. K. Ruthven.
43. *O Direito Internacional no Pensamento Judaico*, Prosper Weill.
44. *Diário do Gueto*, Janusz Korczak.
45. *Educação, Teatro e Matemática Medievais*, Luiz Jean Lauand.
46. *Expressionismo*, R. S. Furness.
47. *O Xadrez na Idade Média*, Luiz Jean Lauand.
48. *A Dança do Sozinho*, Armindo Trevisan.
49. *O Schabat*, Abraham Joshua Heschel.
50. *O Homem no Universo*, Frithjof Schuon.
51. *Quatro Leituras Talmúdicas*, Emmanuel Levinas.
52. *Yossel Rakover Dirige-se a Deus*, Zvi Kolitz.
53. *Sobre a Construção do Sentido*, Ricardo Timm de Souza.

Impressão e Acabamento
Bartira
Gráfica
(011) 4123-0255